教｜育｜知｜库

走向高品质的学校教育新生态

ZOU XIANG GAO PINZHI DE XUEXIAO JIAOYU XIN SHENGTAI

茅晓辉 —— 著

东北师范大学出版社
长春

图书在版编目（CIP）数据

走向高品质的学校教育新生态／茅晓辉著 . 一长春：
东北师范大学出版社，2022.5
ISBN 978 - 7 - 5681 - 9048 - 0

Ⅰ.①走… Ⅱ.①茅… Ⅲ.①小学教育—教育管理
Ⅳ.①G627

中国版本图书馆 CIP 数据核字（2022）第 082563 号

□策划编辑：王红娟

□责任编辑：王红娟 　　□封面设计：中联华文
□责任校对：陈永娟 　　□责任印制：许　冰

东北师范大学出版社出版发行
长春净月经济开发区金宝街 118 号（邮政编码：130117）
网址：http://www.nenup.com
电子函件：sdcbs@ mail. jl. cn
中联华文排版设计
三河市华东印刷有限公司印装
2022 年 5 月第 1 版　　2022 年 5 月第 1 版第 1 次印刷
幅面尺寸：170mm×240mm　印张：16　字数：195 千

定价：**65.00 元**

序

　　在任何时代，教育总是一个国家的文明程度、综合国力的基础。习近平总书记在十九大上强调："建设教育强国是中华民族伟大复兴的基础工程，必须把教育事业放在优先位置，深化教育改革，加快教育现代化，办好人民满意的教育。"这为我国从教育大国向教育强国迈进的发展征程指明了目标和方向。

　　建设教育强国，基础在学校，关键在以高品质学校建设来推动学校高品质发展。在国家"发展更高质量更加公平的教育"这一根本方向的指引下，在"学有所教"及入学权利公平的目标实现后，建设高品质学校以达到"学有优教"的目标也就顺理成章地成了广大老百姓的殷切期盼。以"高品质"为核心理念，指向的是全纳、公平、有质量的教育。"为了每一个孩子，办好每一所学校"是"高品质"理念的具体生动的表达。以高品质教育为目标，创建高品质学校，是面向未来的教育改革的关键问题。

　　鄞州区地处我国长江三角洲南翼、浙江省东部沿海，是计划单列市宁波市的核心城区。十年前的 2011 年，是鄞州全面推进现代化新中心城区建设的重要时期，在"高位提升，惠及全民"的战略目标引领下，中国教科院和鄞州区人民政府共建教育综合改革实验区，以优质均衡为核心，大步迈进幸福教育的征程，打造全国城市化进程中的区域教育新样板。近几年来，鄞州区顺应新时代和城市的发展趋势，围绕"教育现代化"的高位发展目标，着眼"品质教育、学在鄞州"发展定位，大力实施"名校强师"发展策略，坚持"以学校为本、以教师为本、以学生为本"的发展理念，办好每一所学校，教好每一个学生，成就每一位教师，着力打造区域基础教育品质示范区，又取得了骄人的成绩。

董山小学是一所充满生机与活力的新学校，学校筹建与兴办之际，正是鄞州教育综合改革实验区各项教育改革如火如荼推进之时。当时担任鄞州教育综合改革实验区组长的我，有幸见证了全区第一所以外语特色见长的小学的诞生与成长。学校在满怀教育理想与肩负事业追求的茅晓辉校长带领下，从创办起就顶层设计学校办学愿景，致力于塑造独特的学校办学品质，对"学校教育品牌"建设做出了全面系统的规划，并从现代教育新理念的落实、教育新课程的实施、教师队伍素质的提升、学习方式的变革、新型师生关系的构建、现代教学手段的实现等方面规划进行富有特色的探索和突破，实现了超常规发展，短短几年就已成为区域内生源爆棚、首屈一指的新锐名校。

近两三年来，董山小学以办好"老百姓家门口的好学校"为办学宗旨，在全力实现"品质教育、学在鄞州"发展目标和全面创建"区域基础教育品质示范区"的教育改革热潮中，继续勠力同心，踏实前行，锐意创新，积极寻求高品质学校建设的变革之路，用心探索学校高品质发展的内在意蕴与实现路径。学校基于"高定位、高品位、高质量"的"三高"共识，结合自身特点，从多维的角度解读高品质教育，并进行校本化的实践、校本化的创造，走出了一条"高品质学校"建设的独特嬗变之路。

高品质学校，不是一种固化的样态，也没有固定的模式。几年来，菫山小学从学校中层到一线教师，从研究到实践，共同建构并阐释"高品质学校"的教育新生态，对于"高品质学校"的目标指向、问题导向与教育意蕴形成了统一的认识。他们从人的发展角度出发，立足全面立德树人的基础，以学生的持续生长为目标，强化学生核心元素养的培育，构建培元教育生态支持系统，围绕"生态、治理、创新、视角、机会、活力、发展"七个核心词，架构学校在校园文化、管理变革、德育创新、教师发展、课程建设、课堂革新、评价改革七个方面的理论结构框架。以五大领域的培元工程建设为抓手，分层推进、分类实施、重点突破，构建具有独特文化特质的品质教育整体育人生态系统，着力将学生培养成为素质全面、勇于担当、勇于探索、勇立潮头的社会中坚。

实践需要理论指导，没有理论支撑的实践是盲目的实践；理论来源于实践，没有实践的理论又是空洞的理论。以这样的思想作为基础，菫山小学通过"高品质学校"建设的探索与实践，不断进行总结与反思，丰富实践性知识，激活实践性智慧，与此同时，"高品质学校"建设的教育意蕴进一步明晰和丰润，"高品质学校"建设的设计路径得到验证和完善。这本《走向高品质的学校教育新生态》正是菫山小学"高品质学校"建设的行动研究与理性思考的产物，诠释了他们对"高品质学校"教育生态的独立价值取向的洞察与理解。全书包含的育人文化、管理文化、德育文化、课程文化、教学文化五个篇章二十余个经典案例，通篇充满了来自教学改革一线的灵感与智慧，字里行间渗透着"品质教育"的思想光华及富有创意的教育思维方法，具有极强的创新性、科学性、典型性和可读性。

在菫山小学迎来办学十周年之际，《走向高品质的学校教育新生态》一书顺利付梓出版，实乃可喜可贺！这既是他们对学校过往文化的基因传承，也是展望将来发展的精神开拓。这本书著，是堇山小学全体教师不断学习、思考、研究教育的真实记录，更是学校、教师、学生共同成长的生动写照。

新时代呼唤新教育，新教育召唤新使命。创造高品质教育、建设高品质学校，是转型时代交付给我们这一代教育人的使命。值此《走向高品质的学校教育新生态》付梓出版之际，我诚挚地向茅晓辉校长和他的同仁们表示热烈的祝贺，并祈愿堇山小学在今后的办学之路上继续阔步前行，不断做大、提升"品质教育"这一优秀品牌，打造区域基础教育高品质学校新样态，让"品质教育"惠泽每一个学生，为学生的幸福人生奠基。

（作者系中国教育科学研究院教授、德育与心理特教研究所所长）

孟万金

2021 年 9 月

谨以此书献给堇山小学
创办十周年！

目 录
CONTENTS

第一章　营造育人文化，孕品质教育之魂

——高品质学校建设的内涵意蕴

第一节　五育并举：品质育人的培元时代内涵

　　培育时代新人，是新时代教育的重要命题。习近平总书记曾在全国教育大会上指出："要努力构建德智体美劳全面培养的教育体系，形成更高水平的人才培养体系。"对"培养什么人、怎样培养人、为谁培养人"这一教育根本问题回答的集中体现，就是培养德智体美劳全面发展的时代新人。实现这一目的，须努力构建德智体美劳全面培养的教育体系和更高水平的人才培养体系。

　　"五育"并举是落实党的教育方针，完成立德树人根本任务的必由之路。如何让"五育"落地于中小学教育教学实践并产生更高的整体效益，从而真正落实立德树人根本任务？在学校层面如何促进学生全面发展，构建更高水平的德智体美劳"五育"并举的办学模式？近年来，董山小学秉承"尊重关注每一个，多元发展每一个，好习惯滋润每一个"的办学理念，以推动学校教育高质量、高品质发展为办学宗旨，

以"德育为先；智育为重；体育为本；美育为根；劳育为荣"的价值理念为核心，提出并践行了以"培元教育"为统领，坚持五育并举，融合育人，固成长之基，培发展之元，构建形成高水平的学生全面发展培养体系。

一、培元育人目标体系的构建

（一）培养愿景——奠基三大发展基石

"培元"育人的终极使命，就是给学生的人生起步以最珍贵礼物——具有适应个人终身发展和社会发展需要的浩然元气，为其幸福人生奠定基础。品行、智慧、健康是幸福人生的三大根基，我们将此作为育人起点，确立育人愿景如下：

（1）固品行基石，育国家现代小公民：内有感恩之心，外有文明之行，为学生打好成功走向社会的基础。

（2）固健康基石，育堇山特质小学生：内有绿色之意，外有阳光之形，为学生打好身心健康发展的基础。

（3）固智慧基石，育学习生活小主人：内有智能之本，外有创新之能，为学生打好持续强劲发展的基础。

（二）育人指向——培育五项核心素养

《中国学生发展核心素养》总体框架规定了学生核心素养的基本的"底线"要求，依据发展学生核心素养的目标体系，我们对学校原有的育人目标进行具体化、细化和系统化，使其成为贯彻落实五育并举、全面育人的教育思想，体现学生核心素养培养，具有校本特色的全面育人目标体系。我们将"培元"育人的侧重点和着力点提炼转化为五项根基性元素养（品格力、学习力、生命力、审美力、劳动力），细化为十五个基本要点的培养：

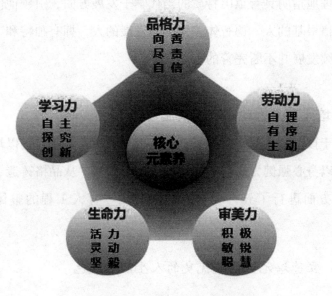

图1-1 五大核心元素养

（1）品格力。围绕向善、尽责、自信细化目标，塑造学生优良的人生品德底色。

（2）学习力。围绕自主、探究、创新细化目标，促成学生强大的自主学习能力。

（3）生命力。围绕活力、灵动、坚毅细化目标，培育学生健康健全的身体素质。

（4）审美力。围绕积极、敏锐、聪慧细化目标，涵养学生高尚优雅的审美情操。

（5）劳动力。围绕自理、有序、主动细化目标，提升学生良好的劳动实践素养。

以三大发展基石、五大核心元素养、十五项培养基本要点为三维架构的"培元教育"育人目标体系，注重唤醒学生的主体意识，为学生发展提供强大的内驱力，实现由"知识论"到"主体论"转换，全面、完整、合理地指明具有堇山特质的当代学子发展方向，引领他们成为具有深厚品格根基的人，德智体美劳全面发展的人，拥有独特和丰富个性的人，持续发展并不断完善的人。

二、培元育人行动路径的实施

着眼于孩子一生的终身发展，我们以立德树人为起点、以培育元气为准则、以身心强健为宗旨、以铸造人格为归宿，从品格铸造、健体润身等五个方面进行了五育融合下的"培元"育人工程的整体性实施推进。

（一）立德培元：描绘优良的人生品德底色

构建生命成长的德育奠基工程，我们将学生品德的底色细化为三种基本要点（向善、尽责、自信）的培育。整合设计具有"培元"个性文化色彩的"三元色德育"（红色、绿色、蓝色）专题活动体系。

1. "红色主题德育活动"育向善情怀

红色表达着热情、活力、积极、希望、庄严、前进的寓意。红色教育是学生对国家、民族文化的认同问题，是为人的基本道德底线，也是培育理想信仰的教育。学校从学生品德信仰底线的实际出发，倡导"让民族精神、家国情怀在堇山校园中撒播，让善行善念在每一个学生的心中生根发芽"，整合校内外德育资源，以重温红色经典、品味生命亲情、探寻乡土底色三大主题活动为主线，培育学生的民族精神、家国情怀和善行善念。

2. "绿色主题德育活动" 促责任意识

绿色寓意着青春、朝气、生命、希望。绿色教育是让每一个孩子在和谐、自然、人文化的生活与生态环境中，积极践行，提升品质，丰富情感，增强责任意识，实现个体自然、自主、健康、可持续成长的教育。我们以和谐、自然的校园生活生态环境为基点，辅以绿色岗位体验、习惯微课引领、创绿实践行动强化的推进，内化尽责行为。经常性开展绿色植物调研、工厂污物处理等科普调研活动，组织学生积极参加植绿、爱绿、护绿、兴绿活动，争做生态文明使者，为 "创绿行动" 忙碌，培养尽责意识。

3. "蓝色主题德育活动" 孕自信气度

蓝色代表着冷静、深邃、活力，代表纯真的梦想，高深的意境。我们挖掘 "蓝色" 教育特有的育人功能，培养学生成为一个充满自信气度的人，以实现 "做最精彩的自己" 为宗旨，通过三大载体来演绎自信教育的精彩：在董秀风采等展示性活动中提高自我认知，在悦纳性辅导中提升自我效能，通过自信集优袋的赏识性评价强化自我激励，促进学生学业自信、才智自信、交往自信、身心自信的形成。

（二）启智培元：促成强大的自主学习能力

知识的获得与深化、能力的发展与提高，必须知行合一、自主内生。以自主、探究、创新三种核心品格培养为目标，促成强大的学习能力的形成，我们通过开展一系列自主学力培养措施让学生获得和养成这种能力素养。

1. 四环一体大课堂，点亮自主学习之灯

着眼于学生自主学习能力的培养，我们把教学关注的目光投向了教学的两头——课前预习和课后巩固，以课前自主预习、课堂主动构建、课后自主整理、周期激励巩固的"四环一体"的自主大课堂建设提升学生的多元学习能力。学校制定六年一贯的自主学习能力培养教学目标，采用分段推进的教学策略（一年级"帮扶入手、指导起步"，二年级"以扶为主、适度试放"，三年级"扶中有放、以扶带放"，四年级"扶放结合、半放半扶"，五年级"以放为主、放中有扶"，六年级"大胆放手、引领自主"），从关注学生的课堂转移到关注学生学习的全过程，让学生做学习的小主人。

2. 引导性教育活动，开创探究学习之路

学校从"抓住根本、注重基础、关注基本"的培元教育思想出发，以三个转变（从传授知识向提升能力转变、从关注结果向注重过程转变、从发展群体向培养个体转变）为切入点，从学科目标、教学方式、课堂实践到教学评价深入进行以"自主学习"为核心的引导性教育活动，通过活动组织、引导体验促进习惯养成，提高学生自主学习探究的能力（自主预习能力、专心听讲能力、自主作业能力和自主整理知识能力），从而内化为优秀学习品质，为学生发展提供强大的内驱力。

3. 自主知识整理课，点燃创新学习之火

围绕体现自主、巩固知识的理念，我们从学校层面上全面推进了自主整理课建设，它是指学生在教师的指导下，以学业知识整理为主要内容，以逐步建立个性化的学习策略系统和形成可持续发展的自主创新能力为目的的课堂形态。我们从学习心情、学习工具、学习知识、学习方法的四维整理内容入手，通过 N 会多元式、电影回放式、整理单式、手抄报式等模式促进学生建立个性化的学习策略，提升自主创新能力，形成个性化学习策略系统和养成可持续行为习惯为主要目的的整理课创新模式。

（三）健体培元：培育健康健全的身体素质

1. 两课三操五活动，构建阳光健体新体系

确保学生每天锻炼 1 小时，我校依托课内发展兴趣，学习专项体育文化，课外创设氛围，提高自主锻炼能力，在多元的校园体育运动活动中塑造强健的体魄，推出了以"两课"（体育健康课和卫生保健课）、"三操"（早操、广播操、眼保健操）、"五活动"（阳光体育大课间活动、社团活动、特色班级活动、学生自选趣味活动、体育社会实践和竞技活动）为主体的校园阳光运动体系，形成"全员参与、项目众多、特点鲜明、持之以恒"的学校阳光体育运动特色。

2. 全员参与小竞赛，培养终身锻炼体育观

以小型竞赛为载体，充分调动师生们的积极性、责任心，尽量让更多的学生能够参与到比赛中，普及、加强学生的健身观念，初步培养学生终身体育观，培养学子强健的体魄、坚强的意志和昂扬的精神。如春天开展的校园"跳绳大赛"（1 人单摇、2 人双跳、8 人合跳），全校 60 个班级共 1000 多名男女运动员参加比赛，在全校掀起了跳绳热潮；秋冬季我们以检验提高为目的，组织全校各年级广播操系列比赛（初赛、复赛、决赛），提高做操质量，掀起体育锻炼的高潮。

3. 持续整月体育节，打造活力狂欢新平台

传统的校运动会，持续时间一般在 2~3 天，学生参与面小，我校将运动会整合提升为每学期一届的"体育节"，并进行了四个转变：一是变"少数学生参与"为"全校学生共同参与"；二是变"学生个人参与"为"师生共同参与"；三是变"竞技体育"为"趣味性的综合运动会"；四是变"三两天的集中比拼"为"持续一整个月的体育狂欢"，分阶段设置田径项目、趣味项目、特色项目等比赛，坚持"一个都不能少"原则，每个孩子都必须参与其中。最后收官阶段，举行总结表彰闭幕式。

（四）崇美培元：涵养高尚优雅的审美情操

1. 全员浸润，拓展审美教育时空

以艺术校园营造为抓手，培养学生对艺术美、精神美、智慧美等的审美认知力与创造力，塑造审美理想与提升审美素养。学校以舞台搭建为载体，营造浓厚校园艺术氛围，为学生创造表现美、展示美的机会，每年的"元旦节""儿童节""国庆节""艺术节"四大节是堇山学子固定的才艺展示活动日。每天清晨艺术特长生展示的"大厅秀场"小舞台，每周一次的午间社团才艺综合展示的"我型我秀"中舞台，再到全班总动员的月度"堇小秀场"大舞台，形式多样的艺术全员成果展示，让学生在表演中收获，在体验中陶冶，激发积极情感，培养积极人格。

2. 三阶层递，丰富审美教育形式

艺术课程是审美教育的主要途径和手段。学校构建了"基础型—拓展型—定制型"艺术课程层递体系。"双能双会"基础课程：开设器乐、声乐、素描、色彩等基础课程，学生菜单式选择一个项目深入学习，并达到"能说会唱、能画会写"的考评能力。艺术通识课程：结合班队主题活动、晨间微课堂、德育短课等渗透每周一节的艺术通识基础课程教学，学生覆盖面达到100%。艺术特长课程：携手宁波电视台七色花艺术专修学校等15家社会力量办学机构，开设陶艺、摄影等80多门艺术拓展课程供学生选择，跨年级、跨班级开设，滋养多元艺术能力。

3. 四性结合，增强审美教育实践

坚持以审美鉴赏为核心，以感知体验为根本，激发积极情感，培养积极人格，提升精神境界，我们拓展了课外活动作为学习艺术课堂的外延，把审美教育渗透到各类社会实践活动中，为学生提供愉快的学习环境和更多审美愉悦，坚持"四性"结合：全面性，每次活动有面广量大的学生参与；地域性，具有鄞州地方艺术文化特色，如朱金漆木雕、金银彩绣等；系列性，做到艺术活动主题化、系列化；实效性，加强课外艺术活动（含社团、兴趣小组）的管理，定时间、定地点、有计划、有总结。

（五）砺劳培元：培育良好的劳动实践能力

1. "三好习惯"塑造劳动之魂

小学阶段最重要的教育任务就是"激发学习兴趣和养成良好习惯"。我们将劳动教育融入良好行为习惯培养，进行了分学段的渐进式养成目标设定，涵盖了"学习、生活、文明"三大领域的 27 个主题 81 个细化习惯，对低、中、高年级段提出了不同的标准和要求。每项习惯养成目标在不同年段又呈螺旋上升的梯度。学校精选了低、中、高年级各自的劳动习惯训练重点，自主开发了一套"三好习惯"系列化养成读本——《好习惯·好人生》，作为深化良好劳动习惯培养的长久有效载体。

2. "三劳课堂"习得劳动之力

我们挖掘了三大具有校本化、实践化特色的劳动习惯养成阵地，开辟了劳动习惯养成三类课堂形态："劳动技能专课堂"，是学校劳动教育技能课的专项时间，该课的主讲教师不再仅仅是班级的首导，各班会结合不同主题邀请不同的嘉宾面向班级同学进行劳动技能的传授，全校呈现"主题班班通，导师各不同"的特色化劳动教育局面。"劳动技能全课堂"，是以语文、数学、道法、综合实践等各门学科中都蕴含的丰富的劳动教育课程资源为挖掘点，以全学科的理念贯串于学生日常的劳动技能学习之中。"劳动技能微课堂"，围绕"生活技能""田耕养殖""实践创新"三大类的劳动内容主题，征集评选劳动教育技能微课视频，以钉钉群微课转播的方式陆续向全体同学推出。

3. "三维联结"彰显劳动价值

劳动只有同社会实践相结合，学生才能在投身实践、亲身参与中认识国情、了解社会、增长才干和磨炼意志，形成尊重劳动、热爱劳动、敬畏劳动的真挚情感。为此，在校内，我们设立各类劳动实践岗，关注岗位体验，使校内劳动常态化；在家庭，我们依托家委会的主导作用，调动家长参与积极性，探索家务劳动实践作业，使家庭劳动经常化；在校外，学校充分利用各类教育资源，鼓励学生参与校外实践劳动及公益性志愿服务等活动，形成热爱劳动、积极进取的生活态度和服务社会的奉献精神，使校外劳动多样化，从而形成"校校有岗位、家家有体验、人人爱劳动"的教育氛围。

三、培元育人支持体系的构建

（一）德育导师制，更亲情的德育私人定制模式

建校以来，学校全体教师都以德育导师的身份，深入班级，在全区小学率先开启了全员德育的实践之行，在"人人是导师、个个受关爱"的新型育人机制保障下，描绘学生优良的人生品德底色。德育导师制实现了三大转变：由"单一育人"转向"全员育人"。以立体化的导师管理机制、生活化的导师磨合机制、个性化的导师激励机制保障班级导师团队运行，形成"人人受关爱"的全员育人氛围。由"机械管理"转向"成长管家"。班级管理实现分工协作，相互补位，相互支持，共同

协商，从查、谈、记、访、导五个层面展开。由"传统大班"转向"个性小组"。以学生的个性需要为主线，开发书海徜徉、促膝谈心、亲子活动等多元德育小组活动，促成成长更丰富的"可能性"。

（二）全面课程制，更全面的元气培育课程样态

我校的"三色堇"培元课程以拓展视野、培养兴趣、促进个性发展为宗旨，以认知规律为基点，以能力培养为主线，以过程体验为重点，指向孩子的天性、本性和需要去思考课程，最大限度地满足个体差异的需求，让每个学生都有生长点，都能获得元气的成长。课程框架建构以"回归生本、注重选择"为思路，构建"三色堇"课程："堇·本"课程，以国家核心课程为原点的课程网；"堇·元"课程，以学生为中心的元气培育课程群；"堇·秀"课程，以选择性为特征的三类课程超市。课程的实施以"关注学情、全面优化"为推进策略，通过增热点、增任务、增实践，增强课程深度和广度。通过改目标、改学法、改教法让课程不断完善，通过优结构、优过程、优策略让课程更加精致。课程的管理监控以"制度创新、机制完善"为导向，学校成立课程审议小组，推行四大开发、审定制度，推出课程开发、选修、学习三个方面九大管理制度。实施长短课时，推行联排课制度。为培元育人、学生多元发展提供课程支持。

（三）家校共育制，更合力的开放型教育共同体

打开校门，开放办学，在"培元"育人推进过程中，我们以家校合作为视角，创建"教育共同发展会"，通过"理、教、管"三方面参与体验，让家长与学校形成了育人合力，在"培元教育"的共同教育追求中迸发生命的力量。打开门，开放"理"，办学决策民主化。以家

校合作为视角，通过"教育共同发展会"平台，让家长全程参与学校各项重大决策的制订和实施过程。打开门，开放"教"，课程构建协同化。学校开设"爸爸妈妈课程"，开发形成四大模块十六类课程，每学期三个家长日（开放日、送教日、论坛日）为家校联系常规活动。打开门，开放"管"，育人机制一体化。以"四个支持"为支撑，为家长设置阶梯式参与方式，自主选择自己能胜任的岗位，深度参与学校教育活动。

基于五育融合的"培元"育人作为核心素养教育的个性化实践样本，将立德树人的教育任务进行了校本内化。从实践层面上验证了在培育现代小学生的新形态，形成现代小学育人的新范式上取得的可喜成果与成功经验。

第二节　以境育人：校园环境文化的生态润泽

一所学校校园环境的构建反映着教育者的现代教育理念和育人构想，具有奋发向上、积极进取、开拓创新的教育力量，能够感染学生思想、陶冶学生情操、培养学生品质。学生在良好校园环境氛围的熏陶下，获得较好的内心体验，并使这一体验成为提升学习积极性和促进品德养成的重要因素，最终实现校园环境的建设目标——以境育人。

纵观一所高品质的学校，其校园环境建设绝不是凌乱无序的。一位校长说："我要使校园里的每一堵墙，每一块草地乃至每一株花木都会'说话'，使它们营造出一种能够产生教育作用的'氛围'，发挥教育的作用。这是一种教育，一种更高层次的教育。"静态教育的环境虽然不是学校教育的主体，但它在学校教育过程中的作用是其他教育内容所不能取代的，其作用也不是可有可无的。

董山小学作为鄞州中心城区新开办的一所高规格全日制公立小学，学校筹建初期作为区教育局唯一直属小学被定位为以外语教学为突破口，进行公办教育国际化办学的高品质实验学校，并在全区起到教育改革引领性、示范性、辐射性作用。建校以来，我们遵循"整体规划，凸现内涵，彰显特色"的原则，紧紧围绕学校环境的教育功能设计物质文化，以"五园式"复合型新校园（即美丽如画的花园、陶冶情操的雅园、求知强能的学园、生动活泼的乐园、充满亲情的家园）建设为主题，最大限度地开发、设计、利用学校环境文化资源，并注重探析校园的含义、教育的隐喻、场所的精神和校园的风格，切实实现"校园建设营造整体美、绿色植物营造环境美、人文景观营造艺术美、师生和谐营造文明美"的校园文化建设目标，力求创设一种与主体教育相适应的校园环境，发挥环境在育人中的特殊作用，从而为构建高品质的校园文化奠定基础，并以此来影响师生的思想、人格、学习、态度和价值观，提高师生的人文素养、科学素养和综合素养。

一、美化，让校园成为生态的"花园"

校园是探寻知识的宝库，也是进行美的熏陶的重要园地。学校的各种物质文化环境不仅应具有适合学习、工作需要的功能，还要讲求优美洁净。作为一所教育部门重金打造的新建学校，建校之初，我们就从绿化、雕塑、整洁等方面着手做好校园美化，力促环境清雅幽静、美观大方、赏心悦目，陶冶人的情操，让师生得到美的享受，有效地激发出学习、工作热情，提高效率。

多年来，我校遵循"环境教育化，绿化园林化，装饰艺术化"的原则，从学生的视角扮靓校园，从环境熏陶的角度设计校园，精心设置校园环境，在学校的整体布局、建筑搭配与校园绿化美化等多方面整体建构，优化教学、运动、休闲、生活等区域的划分，以学校北校区为例，构建形成了"一城、两厅、三廊、四学园、五中心"①的校园物质文化格局，各功能区分区明确、布局科学、紧密联系。

图1-2 为学生展示个性搭建平台——"英语秀场"

广植花草树木，点缀园林石景，铺设雕塑假山，安装体育器械……在校园环境的布置上，我们注重做好每一个角落的细节，抓好一花一草、一石一木的建设，对学校的每一寸土地、每一块墙壁、每一棵花草、每一处空间都做了精心的"雕琢"，不断优化校园内生态系统各要素，使之绿中求美，美中求精，错落有致，营造了动有场地、静有空间、赏有美景、思有意境的宜人环境，校园环境真正实现了自然化、和

① 一城：董 show 城实践活动基地；两厅：和雅（音乐）厅、慧智（报告）厅；三廊：书香文化廊、习惯主题教育文化廊、地球村英语文化廊；四学园：启智楼、立志楼、致远楼、格致楼四幢教学用房；五中心：图书资料中心、科学实验中心、多媒体教学中心、艺术体育中心、健康教育中心

谐化和人性化的统一，从而为师生创建了开放、阳光、和谐、高雅的花园式学习、生活、工作环境。

二、熏陶，让校园成为人文的"雅园"

校园环境是学校文化建设的主要载体之一，也是校园物质文化建设的重要组成部分。它往往体现了一所学校的办学方向和理念，是承载学校发展目标、培养目标的物质基础，更是一所学校校风、学风的体现。学校的魅力在于它有丰富的智力背景和深厚的文化底蕴。我们按照"学校无空地，处处都育人"的原则，多层次、全方位加强校园文化环境建设，创设浓厚的人文氛围，促使校园的建筑物和生态环境变得生动起来，让整个校园透露出浓厚的文化气息。

图 1-3　基于办学理念主题的系列办学文化墙

多年来，我们精心设计校园人文环境，努力促使校园的每一个角落都成为无声的语言，让每个角落都充盈着人文情感。我们将办学理念、校训、校风等学校宗旨性人文精神融入校园环境文化建设之中。为了明确奋斗目标，振奋师生精神，我校把校训"求知向善"镌刻在巨型校训石上，放置在校门醒目位置，并创设了以办学理念"尊重关注每一个，多元发展每一个，好习惯滋润每一个"为主题的系列办学文化墙，涵盖办学愿景、培养目标、一训三风、师生誓词等，让校园文化、环境文化、物质文化、校风、教风、学风等教育文化的诸多教育元素以非语言交流的方式影响师生，激励师生的学习热情和工作热情。

让墙壁"说话"，以名人启迪学生心灵，以标语口号振奋学生精神，以经典诗文陶冶学生情操，是我们充分利用校园文化环境熏陶育人的又一途径。我校各楼间的廊道大厅上的学生笑脸墙、教师风采录、名人名言、环保提示、安全警示、名人介绍、励志名言等一系列文化美景共同构成了学校时时处处皆教育的独特气息，使学生整个学习和生活的环境成为一部立体的、多彩的富有吸引力的教科书。师生日行其间，耳濡目染，心灵得到净化，思想品味得到自然提升，真正体现出"每一片风景都育人，每一个标记都说话"的校园人文氛围。

图1-4 随处可见的开放式书吧营造浓郁的校园书香文化

三、滋养，让校园成为求知的"学园"

学习化校园是一种有形或无形凝聚起来的先进文化，它会以一种"润物细无声"的内在滋养方式，给师生以深刻的影响。建校以来，我们通过对校园环境进行"高品位、儿童化"的学习文化包装，促使每一个角落、场所都能透过眼睛渗入心灵，让学生有所看、有所想、有所积、有所悟。例如，我校北校区贯通"立志楼""启智楼""致远楼""格致楼"四幢主体建筑的廊道，设置了以书香文化、习惯主题教育文化和地球村英语文化为三大主题的文化长廊。廊道文化布置将课内知识与课外知识结合，品德教育与习惯培养相结合，把上至天文，下至地理，古今中外的知识在学生必经的地方进行点面结合，全面铺展，为学生积淀更多的文化知识，提高综合素质奠定了基础。

"花以香为媒，学以书为径。"为了积极推动学生的课外阅读，我们从浓郁的书香文化氛围营造抓起，拓展多元育人的文化空间，学校推出读书工程，把"书香校园"建设作为实现学生多元发展的基础工程来抓。学校两校区分别建设了堇秀书院、堇秀书苑两大图书馆，购进各种图书超万册，校园随处可见的开放式阅读场所全天向学生开放，每周更新图书，成为学生吸取文化粮食的重要途径。各班还以高标准配置班级图书角，为读书工程的顺利开展创造良好条件。

作为一所以外语特色为定位的小学，建校以来我们依据外语教育的语言文化属性和国际教育属性，着力建构外语特色课程资源体系，专门为学生创设了"一村五区N街"，多元融合英语学习环境资源体系：一村即英语地球村，五区即美洲区、亚洲区、欧洲区、非洲区、大洋洲区，N街即各大区的若干个国家。通过一个班级布置一个国家文化，一个楼层布置一个洲际文化，一所学校形成整个地球村文化系统，让学生耳濡目染，身临其中，兼容文化，学以致用，营造了"活动为主，学科渗透，环境烘托"的校园英语学习氛围，初步建构形成了基于外语特色的与国际接轨的品质教育体系。

图1-5 "一村五区 N 街"多元融合英语学习环境资源体系

四、体验，让校园成为个性的"乐园"

现代学生的学习绝不仅仅局限于老师课堂所授的知识，还包含着人际交往、情感体验、智慧生成、生命成长等更为自然、灵动、丰满及个性化的内容。为此，我们在进行校园环境设计时，根据小学生的年龄和心理特点，充分考虑儿童化，通过充满童真、童趣、童乐的"体验式"校园文化环境的创设，让学生个性得到充分展现。

多年来，我们着力为孩子们提供丰富多彩的学习空间，创建生动活泼的体验教育和实践活动基地，科学村、陶艺阁、信息港、畅游阁、雅乐社、翰墨园、羲之社、创艺苑、手工坊、千百绘、创想岸、梦工厂等一个个功能教室充分满足了孩子们发展个性、多元发展的成长需求。此外,我们还创设了一批特色体验教育基地,如:"足迹园"由首届师生共同参与设计建设,镌刻了225名学子与堇山校园奋力前行、共同成长的足迹和历程;"快乐农庄"种植基地采用班级认领、自主管理的方式,成为一个对学生进行生命教育、亲近自然、责任感培养等主题教育的阵地。

为了给每一位学生提供展示才华、挖掘潜能、充分发挥聪明才智的舞台,在校园整体规划的同时,我们创造性地在南北两校区都创设了堇秀舞台、大厅秀场等各种展示平台。每天清晨,走进校园大厅,总能看到学生们自发地在学校为他们特设的各个"堇秀舞台"上尽情展示自己才艺的身影。同时,学校各班也创设一块让学生展示才华、放飞童心的活动园地,每月按照学校德育的主题更换内容(如"寒假成果展""可爱的家乡""英雄在我心中""民族精神代代传"等),不限形式、不限材料、不限色彩,只要求学生充分动手参与,千姿百态的"活动园地"也是校园一道靓丽的风景。

五、温馨,让校园成为亲情的"家园"

班级,是一个班的学生共同的家。教室,是校园环境的一个重要组成部分,不仅是学生学习文化知识的主要场所,也是重要的育人阵地。一个和谐、温馨的教室环境,不但可以给人春风拂面的感觉,还可以陶冶师生的情操,沟通师生的心灵,激发师生教与学的积极性。一个充满朝气活力,充满亲情温馨,充满昂扬向上、积极进取的文化氛围的班级,会成为每一个学生温暖的家。

教室文化,每个角落都育人。为了使每个教室的环境既有独特个性,又能彼此呼应,在学校主导下,我校每个班级紧密围绕"123"进行教室文化建设："1"指教室的读书环境，"2"指德育主题和读书主题，"3"指宣传栏、图书角、竞赛台三个宣传阵地。各年级每个月确定一个环境主题，各班在相应大主题的框架内，充分利用班级的宣传栏、图书角、学生书橱等文化资源设计具有自主个性的班级教室环境。走进每一间教室，就如同来到了一个充满生命与活力的世界，令人流连忘返，凸现出班级特色和散发出浓郁的文化气息。

正如每个人身上都会葆有其家族的基因和血统一样，每一所学校也都有自己的特质。这种特质，恰恰是以文化的方式存续的。学校作为一种社会组织形式，自身蕴含着一定的文化要素。一所高品质的学校，首先应该是注重文化建设、注重文化品质的学校；一所学校是否优秀，不仅仅体现在办学质量和师资队伍上，也体现在它的文化和精神上。环境造就人，校园环境的建设举足轻重。创造一个优美的校园环境，拓展育人途径，充分利用和挖掘校园的潜移默化作用，充分发挥环境的育人功能，需要学校、师生、家长、社会各方面的共同努力。围绕正确的育人目标，凸显学校的办学特色、管理特色、教育特色、群体特色，发挥自身优势，培植出既有深刻内涵又生动活泼、别具一格的品质校园文化，使学校教育教学整体协调发展，促进学生的健康成长和全面发展，从而造就知识丰富、视野开阔、有独创能力的现代化人才，是我们今后仍将奋斗不止的办学追求。

第三节　多元激励："三全"式评价的改革方略

作为教育改革的硬骨头，学生评价改革当前面临诸多严峻挑战：一是体系问题，怎样建立一套基于事实的综合素养评价体系，并得到学生家长认可，切实促进学生健康全面发展；二是操作问题，怎样构建一套便于操作使用的评价方式，全面全程全方位反映学生的成长轨迹并长期坚持，关乎评价实施的成败；三是反馈问题，怎样建立有效的反馈机制，动态调整评价指标，从而获得更精准的评价效果。"核心素养"是当下基础教育领域的一个"新热点"。伴随着新课程改革的不断深化，"核心素养"培养成为急需探索的新领域。在大力推进学生评价改革的当下，探索基于核心素养培养的评价方式，对小学生长远发展具有重要意义。

小学教育的核心任务并不仅仅在于传授知识和能力，还要寻求儿童的核心素养发展。"固本培元"是我国古老的哲学思想，"固本培元"就是巩固根本，培养元气的意思。堇山小学建校以来在借鉴"固本培元"古老哲学思想精华基础上，确立以"培元教育"为学校领衔品牌，开展整体性的改革实验，全面构建完善"培元教育"理论内核与实践体系。"培元"教育是培养学生人生发展所需的"元气"的教育，是"核心素养教育"的校本化实践探索。

面对"核心素养"教育背景下评价机制重建架构的挑战，我们努力挖掘"培元教育"文化内涵，积极探索学生的"核心素养"培养评价改革体系。我们结合"尊重关注每一个，多元发展每一个，好习惯滋润每一个"的办学理念，在探究学生综合素养评价方面，以五大元素养培养为目标，将质性评价与量化评价、表现性评价与终结性评价结合起来，建构形成多元互动的"三全式"（全景、全面、全员）评价体系，力求让办学理念中的"每一个"能够有效落地。

一、关注学生身心素养及习惯养成，开启全景式评价

关注儿童、研究儿童、适应儿童并发展儿童，为了每个孩子的个性

化多元发展是学校一切教育教学活动的出发点及归宿。多年来的教育实践，让我们充分认识到：评价不仅是手段，更是教育理念、教育环境和教育文化的集中体现。为此，在推进好习惯奠基人生底色的德育工程中，我校要求教师把评价内化为自觉的行动，坚持"以评促教、以评促学、以评价促习惯养成"，对学生的学业、品行、习惯、综合能力等实施多元化、人性化、赏析化评价。

（一）基于成长币的现场式评价，激励学生良好行为习惯的养成

币，即"红、黄、蓝"三色成长币。"好习惯，好人生"是学校倾全力打造的习惯教育主题，让"习惯第一"领跑学生的幸福人生是我们推行习惯教育的原点和终点。我们从学生的行为、学习、生活三大领域出发，以成长三色币为载体，对于学生个体在校内外行为礼仪、学习、生活等三大习惯方面表现进行及时的现场评价，以此激励和促进学生良好习惯的养成。三色成长币运用色彩心理的设计理念，以学校主体色调"红、黄、蓝"为基调设计成三色硬币，分别命名为"文明币、学习币、生活币"。我们每天从学生学习生活的基点处全方位挖掘每个学生的闪光点，给予足够的鼓励和激励，让学生学会正确地欣赏自己和他人。

（二）基于荣誉奖章的阶段性评价，促成学生健康身心素养的形成

章，即导师奖章、校长荣誉奖章。导师奖章，这是基于学生获得足够成长币并经过导师对学生的习惯全面考核，同时获得导师的一致认同后，加盖在学生的习惯护照本上，月月过关、月月评，这是导师给予每一位学生的更高层次的鼓励和激励。而校长荣誉奖章，则是为那些有突出表现事迹的学生准备的，这是给予学生的一份最高荣誉奖赏和评价，

各班通过挖掘学生身边的感人事迹，树立榜样人物。每学年申报、推荐一次，年年评选。通过颁发校长荣誉奖章，引导学生心存正念，成为一个积极向上、健康成长的人。

（三）基于三好习惯护照的形成性评价，记录学生身心成长的历程

护照，即三好习惯护照。如果说三色成长币用于评价学生每天的表现，导师奖章用于评价学生每月的表现，校长荣誉奖章用于评价学生突出表现的话，三好习惯护照则记录了学生一学期甚至是一学年的全面表现，它是记录学生三好习惯达标的载体，也是全方位客观评价学生的指导手册，它让学生直观地正视自我，寻找差距，让学生有努力的方向，进步的空间。每学期末，我们要求学生根据三好习惯护照现有情况，对照习惯综合素养评价维度，制订下学年年度发展计划，坚持扬长补短原则，引领自身激发潜能，提升全面素养。学校和家庭还为每位学生建立习惯档案，即根据学生拟订的发展计划，学期末进行对照分析，对各项进步予以正确评价，以鼓励学生坚持和自律，在不断完善中记录成长足迹，成为更优秀的自己。教师也可根据学生反馈，分学段调整各项指标的权重，让家长和学生在逐步适应中达成共识，形成更为明确的育人目标。

天天评价、月月过关、年年达标，"币、章、护照"以层层递进评价的方式为学生全面习惯的落实和养成构建了一道立体的护墙，从时间、空间上以360度全景的方式，全过程、客观、公正地为学生架起评价体系，它关注的是学生的全面成长，关注的是学生的全程成长，它改变的是以往以分数论英雄，以成绩定优劣的传统评价观念。

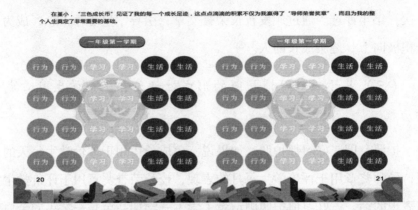

图1-6 三色成长币促习惯养成

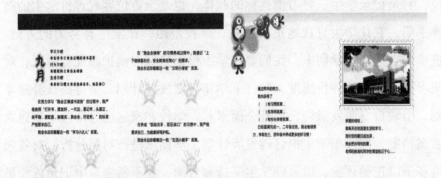

图1-7 各类奖章促健康成长

图1-8 三好习惯护照全方位评价

二、关注学生学习能力与学科素养，推进全面性评价

我校以自主学力培养为核心，促成学生强大的学习能力的形成，几年来通过开展一系列的自主学力培养措施，如学习制度的保障、自主整理课程建设、引导型教育活动开展、基于学力培养的作业变革等让学生获得和提升这种能力。学力评价聚焦学科关键素养，为使学力评价落地，我们以厘清学科关键素养为龙头，以开发评价工具为手段，探索形成具有学科特色的全面式评价方式。

（一）凝练学科素养，明晰价值导向

依据国内外学生发展核心素养、国家课程标准以及董山学生特质，我们反复甄选出小学阶段各个学科中，其他学科难以替代的本学科关键素养进行校本化表达。以语文学科为例，其关键素养的校本化表达为"一爱三会"，即爱母语、会阅读、会思考、会表达。具体解读为：爱母语——热爱祖国语言文字，热爱语文课程；会阅读——对阅读具有浓厚的兴趣，会广泛阅读各类书籍，能读有价值的书，会有价值地读书；会思考——勤于动脑，在学习、生活中能灵活运用批判性思维，思维既有活跃性、广泛性，又有深入性、独创性；会表达——能有一副好口才，会写一手好文章，能清晰地表达自己的见解和情感，与人交流讲文明、有礼貌、会沟通。

（二）细化评价指标，研发评价工具

学科关键素养确定以后，一方面，我们围绕每一个关键素养，将其细化分解，对每一个指标进行年段目标描述，为寻找评价载体和评价方法提供依据；另一方面，我们基于学科关键素养的分解，进一步研发出

了学科评价手册。以科学学科为例，其"质疑求真"这一素养，可进一步分解为"善于质疑、尊重事实、收集证据、探秘求真"四个维度，每一个维度下面，我们依据学生低段、中段、高段的不同水平设置相应的目标描述。评价手册包括"过程性评价和终结性评价"两大板块，每个板块下由"学科关键素养、评价指标、评价内容、评价方法、评价工具"等要目组成。如语文学科，基于"一爱三会"的核心素养，将形成性评价与终结性评价结合起来，细化为"快乐小书虫""优雅书法家""超级演讲家"，以及能力达标（1~3年级）、期末考试（4~6年级）等综合测评途径。"快乐小书虫"的评价内容包括"阅读习惯、阅读总量、背诵优秀诗文"三个方面，"阅读习惯"又进一步细化为"阅读兴趣、阅读交流、爱惜书籍"三个评价点。

（三）创新学科评价方式，形成学科特色

1. 基于学科特点改进传统测评方式

我们以对学生的兴趣、习惯、积极心理的培养以及知识和能力的灵活运用为导向，以跨学科素养的综合实践为途径，让学习与生活和世界建立联系，从而深度转变教与学的方式。例如，我校对科学科目的期末试卷进行了改造。首先，我们把知识性填空、判断、问答等纸笔形式测验常规问题改变为"科学知识知多少"的调查问卷，学生按自己的真实能力进行答题，问卷内容不计入学生总成绩，仅仅作为教师改进教学的依据。其次，通过试卷中的"科学知识树"引导学生对所学知识进行梳理，设计思维导图，提高学生参与测评的积极性与创造性。再次，设计科学实验测试题，通过对学生的实验思路进行引导，要求学生设计新的实验方案，解决一个真实的环保问题。最后，创意生活测试题。创设真实情境问题，让学生们回答围绕日常生活的科学问题。

2. 采用表现性评价方式测评"软实力"

对于那些通过纸笔形式测验无法测评的学科素养，如"自信交流""艺术生活""质疑求真"等，我们则采用表现性评价，如"超级演讲家""T台服装秀""科学辩论赛"等形式展开测评。美术学科通过"美术作业作品化"开展表现性评价。学生除可以在不同材质、形状、大小的纸张上作画以外，还可以在巨幅画布、废旧的桌椅、纸箱、装蛋器、纸伞等物体上作画，将平面绘画与多面立体绘画相结合，体验从低段的铅笔画、水彩画，逐渐走向课堂油画和丙烯画的过程。我们通过"设计一座桥""美化校园""制作书报"等结合真实情境的主题设置，增强学生创作美术作品的跨学科综合性、实用性以及创造性。

三、关注学生综合素养及多元发展，创建全员式评价

"我得了堇山之星，真开心！""真喜欢小鲁班奖，我一定好好收藏！""通过努力，我终于能去俞老师家里吃饭看电影啦！""下学期我一定要更努力，争取获得校长荣誉奖章和茅校长合影！"……每到学校的休业式，校园里到处洋溢着学生丰收的喜悦和不断进取的热情。这一天，每一位学子都会收到一张或多张获奖章证书以及一张综合素养评价报告。综合素养评价报告上分列学习态度、认知能力、表达能力、实践能力、合作精神等项目积分，不同学科还有各自不同的评价内容。家长们看到这张表，孩子的优缺点、在校表现和习惯养成都一目了然，以便于家长在家教育孩子能心中有数、对症下药。

（一）"1+3+N"系列荣誉，享受"每一个"的幸福

"为每个孩子颁一次奖"是堇山小学建校以来一直遵循的评价理念。在学期末的总结性评价中，学校对传统的"三好学生"评比做了

彻底的改革，创建了"1+3+N"全员评价模式。它以"三色成长币、奖章、护照"考核评价为载体，根据每月实施的堇山三大习惯养成目标评价，结合期末各科成绩等综合全面为每一个孩子评选"1+3+N"系列荣誉。

"1"指的是"堇山之星"荣誉，是为那些综合能力突出的孩子所准备的一种至高无上的荣誉；"3"指的是"堇山文明之星、堇山学习之星、堇山生活之星"，这是为了鼓励和肯定那些单项能力突出的学生所创建的一种荣誉；"N"则是为有某项突出才能的学生所特设的奖项，如"小莫言奖""小沙孟海奖""小孔融奖""小童第周奖""小鲁班奖""小范钦奖"等，学校专门设计和创作了一套"N"奖项书卡，对应每一个奖项，书签上记录着该奖项的优秀品质和感人事例，这也是历年来最受学生欢迎的奖项。

表1-1 "1+3+N"系列荣誉

模式	奖项名称		
1	堇山之星		
3	堇山文明之星	堇山学习之星	堇山生活之星
N	小孔融奖 小司马光奖 小包拯奖 小宋濂奖 小童第周奖 ……	小莫言奖 小华罗庚奖 小沙孟海奖 小牛顿奖 小贝多芬奖 小常昊奖 ……	小鲁班奖 小范钦奖 小海伦奖 ……
	根据个别学生优秀品质，自主设置奖项名称。 格式为：小___奖		

"1+3+N"系列荣誉不仅仅关注到了顶端学生的优秀表现，更是肯定了每一个学生的综合表现。人人都能获奖，人人都能得到导师的肯

定，这是对每一个孩子最大的肯定和鼓励。"1+3+N"全员评价模式，是一种适恰学生的教育评价，我们始终坚信奖励出好孩子，它将激励着每一个孩子向着更好、更高、更强发展，正如斯皮尔伯格说的，"评价不是为了证明，而是为了改进和激励"。

图1-9　开心领奖的孩子们

图1-10　开心领奖的孩子们

(二)"N"项个性激励奖，点亮"每一个"的未来

在日常的评价过程中，学校实施"给孩子一个优点，让他们发挥出十个优点"的多元化的个性激励性评价，创设出一种"人人快乐，人人创造，人人争先"的环境，呈现出学生群"星"闪烁的景象。

董山小学教师别出心裁地想出各式各样的方式来激励学生，如在校一天表现最好的孩子能够管理图书角，一个月里获得成长币最多的五名学生能够减少作业量，一个学期里取得进步最大的五名孩子能够和老师一起吃自助火锅等方式。这样的评价方式是以责任感、荣耀感、成就感、自主选择、获得更多自由来驱动孩子，帮助孩子建立内在驱动力，真正落实和体现了"以生为本"的全员式评价理念。

教育的最高境界，就是要让每一位学生都能找到自己的价值，从而激发每一位学生的进取精神，使其在原有的水平上获得更优化的发展。董山小学一直秉承"尊重关注每一个，多元发展每一个，好习惯滋润每一个"的办学理念，贯彻"以生为本"的全景式评价机制，体现"多一把尺子，多量出一批好学生"理想教育的追求，旨在通过赏识教育，肯定每一个孩子的长处，点燃学生内在驱动力，激发学生不断进取、积极向上的人生态度，让每个孩子都闪闪发光。

第四节 协同共进：家校合作共育的和合机制

家校合作作为现代学校治理的重要工作任务和有效实践机制，在促进学生健康成长和全面发展过程中发挥着愈加显著的基础性作用。对中小学家长来说，他们对学校教育的核心诉求其实就是如何让孩子能够公

平地获得高品质教育的机会。在现代学校治理中，针对当前高品质教育的新生代家长群体呈现的新特征和新变化，学校须切实按照学生健康成长和全面发展的真正需要，自觉构建同向而行的新型家校关系，合理管控家校之间的主体对立和冲突风险，由此避免因家校矛盾而给学校教育与教学改革带来的阻力与羁绊。

董山小学创办以来，秉承"尊重关注每一个，多元发展每一个，好习惯滋润每一个"的办学理念，从学生立场出发，确保一切教育理念、教育主张、教育原则，及一切教育教学行为、质量评价标准和学校治理机制都能聚焦学生视角、凸显学生主体、激发学生潜能、发展学生素养，进而促进学生实现德智体美劳全面发展。多年来，我校基于学生立场有效破解家校合作密码，着力通过价值引领、问题导向、需求驱动、组织实施、模式操作等途径，全面构建具有基础性、系统性、长期性和复杂性特征的高品质教育的家校协同共育实践机制，我们把"培育品质学生，成就品质教师，建设品质校园"作为提高教育教学质量、提升整体办学水平、促进鲜明办学特色形成的根本着力点，全面践行"品质教育"理念，打造双向沟通、相互合作、优势互补、共同育人的家校和合文化，为孩子们创造和谐愉悦的学习环境和成长之路，实现家校共同成长的品质教育目标。

一、依托成长联盟，构筑品质家庭之桥

最好的教育，是让家庭和学校成为汇聚美好事物的中心，让孩子在其中不断相遇、不断寻找，找到自己，然后成就自己。我校创新家校合作模式，以真诚合作、深度共育为工作目标，全力构建"共育、共建、共享、共生"的成长联盟共同体。联盟通过新父母学校、新共育阵线、新校务工坊等形式，整合家校资源，让家长走近教育，走进校园，走上讲台，架构立体的品质化成长教育网。

（一）新父母学校，让家校行动更同步

家校共育涵盖德育、教学等诸多方面，其目的是促进孩子的健康成长，让孩子能够充分享受到来自家长和教师的关怀，从而使教育给孩子带来快乐，带来幸福。为此，堇山小学开设"新父母学校"，让家校行动趋于同步，以"新父母学校"为平台，指导家长重视幸福家庭的建立，让孩子沐浴在和谐、文明、健康、宽松的家庭氛围中，让家长重视培养孩子活泼、开朗、勇敢、进取的性格，培养孩子良好的公民意识和社会责任感，培养孩子树立平等、宽容、创新、共生的现代意识。

我校的"新父母学校"围绕"品质家长成就品质学生"的理念，以品质教育系列主题讲座、现场专题咨询等形式对家长进行系统培训，传播先进家教观念和科学家教方法；定期举办亲子交流、对话、研学等活动，组织读书会、征文评比、演讲比赛、座谈会、联欢会等活动，倡导家长与孩子相互学习，共同成长，共享成长，共享幸福，进而带动家庭教育更趋于成熟，推进学校教育更趋于完美。

（二）新共育阵线，促家庭教育更智慧

为更进一步推进家校合作的有效实施，形成教育合力，堇山小学根据学生在不同年龄阶段的身心特点、学习情况以及家长的关注重点，系统性地梳理了小学阶段六年十二个学期"新共育阵线"培训专题活动内容，例如，六年级第一学期主题为"青春期性教育"，第二学期主题为"小初衔接"。"新共育阵线"培训以传统班级家长会、学校专家或校级领导讲座、班级沙龙等多种形式开展，针对问题相互探讨，具体内容包括品质教育理念、品质家庭教育氛围营造、父母学习成长、亲子活动开展等方面。通过专业的品质家庭教育的培训学习，指导家长开展实践活动，使之成为家校合作育人的有力支点。

近几年，我校先后开设"怎样引领孩子学数学""亲子共读，为孩子的精彩人生奠基""扬帆起航正当时"等"新共育阵线"培训活动，2015年我们还成功地邀请到了诺贝尔经济学奖得主罗伯特·希勒先生携夫人维吉尼亚·M·希勒博士来校，做了题为"解读成长的心灵密码"的实用心理知识讲座，针对如何培养孩子好的行为习惯和心理状态，给家长们提供实际有效的建议与策略。

（三）新校务工坊，让家校合作更和谐

为使家校合作联盟共同体能够有效运行，学校围绕成长联盟建设积极搭建家校共育平台。学校成立了校务理事工坊，促成家庭教育和学校品质教育在教育目的、教育过程和教育方法上保持高度一致，让学生的生活场域更加完整，促进学生的身心发展更加和谐。校务理事工坊坊主多由具有多年首导工作经验，且充满教育情怀的教育学或心理学专业毕业的高学历教师担任，成员不是传统意义上的家委会成员。工坊分为三级：班级、年级和校级，下设安全膳食、宣传推广、教学协调和活动联络四个小组，成立了"家长教师联合会""学校发展智囊团""家校安全共同体""家校学习促进团""班级议事团""家长义工团"等实体组织。

几年来，学校多方面采集家长信息，了解家长的需求，为校务理事工坊成员开展工作提供便利。班级、年级和校级三个层面的工坊，依托"家长教师联合会"等六个组织机构，通过研讨、交流、论坛、视频等多种形式，与家长们共同分析幸福家教方面的疑难问题，以提高家庭教育的质量与效益，使家校教育形成最大合力，最终为学生的全面发展和幸福成长服务。

二、主题活动体验，点亮幸福家庭之灯

开展系列化的品质主题教育体验活动，是沟通家庭教育与学校教育的重要载体和平台，能够带动家庭教育更趋于成熟，推进学校品质教育更趋于完美。我校充分利用主题活动这一抓手，调动家庭教育的积极因素，形成教育合力，引领家长提升品质，走向幸福。

（一）"两礼两季"活动提升成长品质

"两礼两季"系列活动作为堇山小学的重点德育活动，包括新生开学季、新生入队礼、十岁成长礼和毕业季系列活动。这些德育主题活动都被安排在孩子人生成长的重要节点，见证孩子的成长和身份的转变，是传递爱心、交流情感的有效方式，它们的共同特点之一就是充满了仪式感。仪式感是人们内心情感的最直接表达，生活需要仪式感，孩子的成长亦是如此。

我校每一年的"两礼两季"系列活动均邀请孩子家长全程参与，目的之一就是营造良好的家庭氛围，让孩子在人生成长的重要节点，感受到来自家庭和父母（长辈）的爱，明晰自己身份的转变，体会爱与责任，学会感恩。同时，让父母（长辈）共同见证孩子的成长，收获喜悦和感动。例如，我们在十岁成长礼的仪式上，鼓励孩子和父母（长辈）交换提前准备好的给对方的信件，说出平时放在心里的那些话，在舒缓的背景音乐中感受爱与温暖，孩子们回味自己的成长经历，体验、分享成长的快乐与感动，在泪水中铭记恩情，在喝彩声中明志成长，孩子与家长在一次次拥抱中拉近了亲子关系，共同享受了成长的幸福。

（二）"家长开放日"分享品质化成长

"家长开放日"活动是时代的要求，也是深化素质教育、实施课程改革的重要举措，更是增进家校联系、交流沟通、合作共助的友谊桥梁。董山小学每学期举办两次"家长开放日"活动，邀请家长走进校园、走进课堂、走进孩子的学习环境，使家长通过看、听、议、评，了解孩子与学校的具体情况：看，是指家长看校容校貌、学校设施、学校常规、师生活动和学生作业；听，是指家长进课堂听课；议，是指家长对教师的教学情况、学生学习情况、学校管理等进行讨论；评，是指每个家长根据整个活动过程，填写评估表，对学校工作进行实事求是的评估。与此同时，学校举行校长、家长对话会。对话会上，大家畅所欲言，为学校工作献计献策。

"家长开放日"活动的开展，让家长通过了解学校和学生的真实情况，引领他们开阔视野，不为狭隘的教育观所左右。同时，也让家长深入学校、深入班级，切身感受学校文化、班级文化，共同体验孩子的学习生活与品质化成长。

（三）"三好习惯"培养奠基成长品质

在我国普遍存在"隔代教育"的背景下，因一众长辈的宠爱，孩子的生活自理能力相对较差，良好习惯与生活能力的培养被长期忽视，有些孩子甚至连最基本的家务也无法完成。应试教育的压力又促使家长将绝大部分精力投入到孩子的学习上，这样的培养理念显然不利于家庭长远幸福和孩子的全面发展。学校教育与家庭教育的时间、空间差异客观存在，因此，以家校共育的形式培养孩子的好习惯主题教育势在必行。

我校结合当代小学生身心发展特点和学校德育工作实际，2012年建校伊始，便确立了"让好习惯滋润一生"的办学理念，将养成教育聚焦于"学习、生活、文明"三个重点习惯领域，确定了由27个主题，81项细化内容构建而成的"小学生'三好习惯'内容体系"。体系引入"生态体验教育"理论作为支撑，既考虑到每个年级横向的完整，又考虑到孩子成长规律的年龄特点，并实施学生自我管理、父母提示督促、教师强化引领的三位一体的生态体验实践模式。例如，我校的《成长足迹》不仅是关于学生文化课学习情况的家校沟通载体，也是落实德育三好习惯的主要阵地之一，专门设置"好习惯记录栏"，用于家校共同记录孩子的习惯养成情况，有效实现了养成教育的家校同步性，让孩子好习惯的养成更加牢固和扎实。

三、亲子和合行动，开启品质家庭之门

良好的亲子关系，是个体发展的根本力量，对于孩子日后的人格塑造和社会适应都有着重要的作用。构建良好的亲子关系，营造和谐的家庭氛围，是孩子终身幸福的根基。作为家长应俯下身姿，做亲子沟通的"参与者、研究者、学习者"。基于这一理念，我校携手家长同塑优质亲子关系，共筑孩子品质成长之路。

（一）亲子书香阅读，全程式伴读

"陪伴是最好的教育"，而亲子阅读，就是一种陪伴。亲子阅读以阅读为纽带，让孩子和家长共同分享阅读过程，在小学阶段对学生的课外阅读起着相当重要的促进作用。在亲子阅读过程中，亲子之间的互动使得孩子更容易爱上阅读，也更容易从书籍当中获得阅读的乐趣，进而让孩子更愿意自发地去进行阅读。

基于此，我校每学期都开展"共读一本书"活动，引领家长与孩子在读书中开拓视野、丰富知识，营造良好的家庭学习氛围。学校以学段为单位，为每个学段的孩子推荐了亲子阅读书目，每一个孩子手上都会有一本亲子阅读记录册，用于记录亲子阅读的书名、章节及阅读时长等信息。我们倡导在亲子阅读的过程中引导孩子积累好词好句、提炼精华，在理解的基础上有自己的想法和思考，并与家长进行互动和交流。学校还在"新父母学校"经常性举办读书交流会议，在会上，大家研讨读书感悟，交流育子心得，并评出"书香家庭"。亲子共读在互动和交流的过程中碰撞出思维的火花，同时也能增进孩子和父母之间的亲情。

（二）亲子职业课程，全景式参与

感受职业的幸福，是每一个成年人工作与生活的最大动力。职业启蒙教育简单来说就是让孩子了解长大后要干什么、能干什么，不论采取何种形式，其目的都是让孩子为自己的未来做准备，不断探索适合自己的幸福生活方式。

从我校实践来看，利用好宝贵的家长资源和社会资源是小学生职业启蒙教育成功的关键。为此，从建校伊始，我们就深入挖掘家长资源，根据家长的职业特点、自身特长组成家长资源库。我们秉承为了每一个孩子的幸福生活这一理念积极开展职业启蒙教育活动，专门开设了亲子职业课程——"爸爸妈妈课程"。"爸爸妈妈课程"内容丰富，有来自交警部门的家长和作为出租车司机的家长讲授遵守交通规则的安全课，有来自医院的家长讲授爱牙护齿、保护视力的健康课，也有来自文化部门的家长讲授甬上系列民俗文化课，还有来自部队的家长讲授革命故事的红色教育课，等等。学校将家长亲子职业课程积累成册，形成了别具特色的课程体系。

（三）亲子社会实践，全员式互动

孩子的成长不仅需要优质的学校教育和家庭教育，同时还需要多姿多彩的社会实践活动。亲子社会实践活动有利于增进家长和孩子之间的感情交流，让亲子关系在一种更加默契的关系中发展进步。我校创设"童心同乐，幸福成长"系列亲子社会实践活动，并不是单纯地邀请家长参与到孩子的社会实践中充当管理者和监护人的角色，而是鼓励家长融入到孩子的群体当中，和孩子一起真实地感受实践活动带来的挑战和乐趣，以亲子共同实践的方式，发挥各自的优势和能量，在实践过程中感受亲情的温暖和相互支持的力量。

例如，"小手拉大手"亲子研学活动是我校最常见的一类亲子社会实践活动。近年来，学校先后开展的全员亲子研学活动，有"爱护生态环境"的亲子植树活动，有体验环卫工作的亲子清扫活动，有亲子共读《三字经》活动等。我们通过此类研学活动的开展，以孩子带动家庭，以学校影响社会，实现家庭、学校、社会三方相互影响，以良好的校风影响家风、改变民风，实现家风、校风、民风相互促进的幸福社会大家庭的良性循环，促进父母与孩子共同幸福成长。

我国著名教育家陈鹤琴先生指出："学校教育是一种很复杂的事情，不是家庭一方面可以单独胜任的，也不是学校一方面能独自胜任的，必须是两方面共同合作方能得到充分的功效。"多年来，我校不断创新家庭教育工作模式和方法，推进家庭教育工作全面、均衡、规范、可持续发展，适时引导、跟踪、推进，努力引领家长成为品质家长，建设品质家庭，培育品质学生，有力地促进了家长学校的发展，与学校教育、社会教育形成合力，为打造高品质的教育发挥了重要而独特的作用。

第二章　塑造管理文化，展品质教育之翼

——高品质学校建设的治校之道

第一节　同心同向：集团办学机制的优化运行

教育公平是社会公平的基础，义务教育公平是教育公平的"重中之重"，就是要满足人民群众对更公平更高质量的需求。在"改造薄弱学校、实施教师流动、调整资源配置"等推进教育均衡发展的实践基础上，一种新的策略选择——"集团化办学"应势而生，它是通过一种组织形式来力求实现更大程度的教育公平，其真正价值体现在能够回应广大人民对优质教育的迫切需求，能够缓解当前义务教育中"择校热"的现实焦虑。

近年来，鄞州基础教育逐步从基本均衡向优质均衡迈进，集团化办学能够很好地带动区域内不同层次学校间的共同发展。这既符合教育供给侧改革的需要，也是全面提升教育质量、办人民满意的教育的有效举措。2017 年 2 月，鄞州区教育局整合区内近百所中小学、幼儿园，首批成立 27 个教育集团，形成名校规模效应，让老百姓在家门口就能上

到好学校，并将优质教育资源向农村和薄弱学校辐射。我校作为"首批校"，发挥了城区学校的引领、示范、辐射作用，为推进集团化办学做了一些有益探索，积累了一些实践经验。

几年来，在区教育局的关怀指导下，堇山小学教育集团践行"四同步、四融合、四到位"的集团一体化办学新思路，以"品质教育"为办学文化引领，促进南北两校区优势互补、文化相通、发展同步，初步实现了"管理模式高度统一、师资力量按需分配、教育质量稳步提升、办学内涵持续深化、特色品牌愈发响亮"的既定目标，并获得良好的社会认可度、美誉度。

一、班子调配同步，管理机制融合，"一张蓝图"设计到位

堇山小学教育集团现有南北两个校区 68 个教学班，约 3000 名学生，170 余位教师，如何让这所航母级集团学校既能达成步调一致的发展目标，又能形成"一校一品，一校一特质"？怎样让两个校区从执行校长到中层班子，再到一线教师都能积极主动地参与学校的教育教学管理与实践？怎样才能形成集团内两校区之间的资源共享，携手共进？面对这些问题，我们首先引领全校教师建言献策，为堇山小学集团化办学"架梁立柱"，进行顶层设计。

（一）构建"同生共荣、联动发展"的管理模式

我们确立以两校区间的协同作用为发展主动力，将两校区现实与需求相结合，坚持"集团总校长宏观管理、放权执行校长、服务广大师生"三结合原则，实行集团统筹规划，两校区自主执行的动态平衡。构建"领导班子统筹调配、整体管理分线负责、具体工作条块落实"的管理机制，统一制定发展目标，拉通配备领导班子，全盘选任中层干

部，将集团整体目标"菜单式"地细化给每位班子成员，严格目标任务完成时限并按时限要求督促检查和考核。管理做到一体化、科学化、精细化，确保集团两校区教育理念、常规管理、发展目标和教学流程高度一致，做到"一张蓝图"绘到底。

在坚持步调一致的发展前提下，我们鼓励两校区之间个性发展、特色发展。两个校区各自组建以执行校长为主要领导的管理队伍，简政放权，校区按照独立模式架构各个职能部门。执行校长结合各自校区师资、硬件等条件，探索适合本校区教育教学的特色举措，走一体化下的和而不同的发展道路。

（二）构筑"同心同向，同心同行"的发展愿景

集团成立以来，已形成定时定期的两校区校级领导会议、中层班子会议、骨干教师会议、教育共同发展会议等制度，在充分听取意见、认真论证的基础上，凝聚精神文化，谋划办学理念。堇山小学的发展源于在校长引领下与教师共筑学校发展愿景。学校借力中国教育科学研究院孟万金、浙江省教育科学研究院王健敏、宁波市著名教育专家严惕非等智囊团队资源，对创办以来的办学经验与成果进行沉淀与提炼，对办学文化进行顶层设计。在充分发挥每位教师的主人翁作用的基础上，构建出堇山小学人心中的共同愿景：

秉承"尊重关注每一个，多元发展每一个，好习惯滋润每一个"的办学理念，以"培元教育"办学思想为引领，把"培元"目标具体细化为五大核心元素养：强大的学习能力、良好的行为习惯、出色的阅读社会能力、健全的身心素质和优良人生品德的底色，并辅以"行为习惯浸润内化、自主学习能力培养提升、多彩文化活动营造、三色堇课程架构、全员德育导师制度建构"等五大项目行动，最终实现培养具

有浩然发展元气的"三爱三会"高素质小学生育人目标，建成带动区域内基础教育发展的示范学校、标杆学校和知名学校的发展愿景。

以共同的学校愿景作支撑，集团成立了以学科教研组为单位的"愿景小组"，形成了人人都认可和愿意尊崇的文化融合"团队愿景"，在此基础上引领教师建立"个人愿景"，让每一位教师找准自己的定位，确定与集团发展相向而行的未来目标和理想。

二、教师选调同步，考评培训融合，"一支队伍"建设到位

教育集团融合的关键是人才的流动、人心的凝聚、考评的合理、素养的提升。在对两个校区师资进行全面了解、深入分析后，我们采取了两种方式促进集团两校区的融合，提升团队整体素质。

（一）统一配备，考评一体，实现网状链接

师资力量是促进集团学校发展的基础保障。每学年初，我们由集团校长、两校区执行校长及课程教学部负责人等组成教师选配领导小组，坚持"学科互补、个性交叉、老中青交替"的按需配置原则，对两校区各年级进行一体化排班，对所有教师进行科学整合、合理流动、统一配备。每学期末的教师业务业绩考评工作，我们对两校区全体教师按学科分组进行一体化考核，导师团队则按照班级组合捆绑考核，做到考评标准、方式、结果运用一致。

为了促进两校区教师有效融合，我们以教师的"双提升"（即教学业务能力提升和师德修养能力提升）为目标，每月一次召开集团全体教师例会，隔月举行一次集团工会活动，同化认识，加深了解，联络感情。利用网络，建立集团教师QQ群、钉钉群、微信群，为两校区教师心灵的沟通搭建平台。为快速提升教师专业化水平，我们对不同梯队的

教师分层制定培训工程，定期开展各级各类教师培训活动，充分发挥专业骨干力量的作用，"盘活"校内名师资源，成立集团语文组、数学组、综合组和青年教师发展小组等多个小共同体，推行骨干教师、老教师对年轻教师的传、帮、带制度，构建两校区"师徒结对""教研联动""同研共学"等教研模式，将教师队伍层层建构、网状链接，实现集团教师团队在动态的交流与静态的网构中的整体进步。

（二）汇集合力，凝聚人心，打造团队文化

"我们注重在群体中的影响与地位，在交往中的坦诚与合作，在工作中的勤奋与自励，在利益面前的理智与淡泊。"这是堇山教育人一贯遵循的教育价值观。在这一理念引领下，我们充分发挥榜样的引领作用，通过纵横的榜样引领模式，凝聚团队文化。横向上以班子树榜样，带动教师立标杆。我们把"廉洁、高效、求实、开拓"作为集团学校班子工作作风建设的目标，时刻对自己高标准、严要求，为教师树榜样。纵向上从教学、师德、德育、家校沟通等不同方面树立教师好榜样。如教学上建立柴冬青特级教师工作室、任云亚名师工作室等一批高端工作室，让名师为青年教师提供指导、举办讲座，发挥名师的最大价值，带动一批教师专业成长，铸就积极向上、团结奋斗、快乐自信的团队精神。又如通过"最美堇山人"评比和"最美堇山人"师德演讲活动，让榜样教师声情并茂地讲述自己的教育故事，用自己的敬业精神感染身边的每一个人。我们努力创设各种外部条件，营造"团队向心的家文化"的氛围，通过"爱心·责任·担当"为主题的合作式教师团队家文化构建，实现学校、教师和学生的可持续发展。

三、课堂构建同步，课程资源融合，"一套模式"执行到位

高度重视课程建设和课堂构建，为真正落实同步与融合，我们以集团为单位，采取两校区研训联动的方式，统筹课程开发、教学研讨、科研师训等活动，并采用"内外兼修、课题转化"等渠道，理论与实践融合，共享课程、课堂及教研成果。

（一）课程设置同步，满足多元发展需求

课程是教育理念实施和教书育人的核心载体，集团也把课程建设作为核心工作来抓，充分挖掘各种课程资源，师生参与课程开发。围绕学校"三爱三会"的育人目标，我们重组学科内容，使之结构化、系统化；整体规划各项学生活动，使之序列化、综合化；不断增强校本课程的丰富性、选择性，使之多样化，并聚焦生本化，着眼于学生个性的全面发展、元气培育，规划构建了"三色堇"元气培育课程体系。该课程认知规律为基点，以能力培养为主线，以过程体验为重点，分三大模块："堇·本"课程是以学生发展为本的国家规定的基础性课程，"堇·元"课程是帮助小学生逐渐形成和获得人生发展中最需要、最根本和最重要的素养和能力，"堇·秀"课程则给孩子搭建合适的舞台，是为孩子提供展现自我实践反思的课程。每一个课程模块下都有达成核心素养的核心课程和辅助课程，以此实现学校课程的整合优化。

在实现国家课程校本化、地方课程具体化、校本课程个性化的基础上。我们还积极开发校本拓展性课程并取得成效。关注学生终身发展的内在需要，着眼于学生个性的全面发展，几年来，集团基于"关注生命、服务成长"课程建设理念而自主开发习惯养成课程、自主学习发展课程、爱迪尔少儿英语课程、地球村环境课程、甬上文化系列课程、

积极心理健康教育课程、七色花社团课程等诸多特色项目课程群，为促成孩子今后的发展提供强大的内驱力。

（二）课堂模式一致，多维教学凸显个性

课堂是教学的生命线。我们注重两校区教师合力开展多种课堂模式，通过"行政巡课、示范带课、观摩学课、研讨悟课、集体听课"等多种手段，建设优质课堂教学模板，做到"一套模式"执行，"因人而异"调整，"个性借鉴"选用，提升两校教师教学技艺和教学成效。我们提出了"自主第一，习惯第一"的课堂教学改革核心理念，提出了以培养自主学习能力为目标的育人导向，以课堂为原点重塑教与学的关系、师与生的关系、教材与生活的关系，进行"自主预习、自主学习、自主整理、自我检测"四环一体的"自主智慧课堂"的建设，让学生自主完成知识的建构，为学生发展提供强大的内驱力，做学习的主人。

在课堂教学改革活动的推进实施上，我们注重两个校区之间的教学教研互动，课程教学部定时定期组织校区同学科的教学教研观摩交流展示等活动，并与集团外兄弟名校互动交流，促进共同提高，增强校区之间的凝聚力。在校区层面，我们通过"每周一研""同课异构""教学练兵""赛课研习"等系列交流、研究、观摩平台，历练教师教研能力，全面提升教师教学素养。

四、特色创建同步，校园文化融合，"一张名片"打造到位

特色代表学校形象，文化体现集团品质。集团挂牌以来，我们坚持以校园文化为载体，以特色创建为抓手，着力打造"特色鲜明、质量优异、声誉良好"的宁波一流学校名片，提升学校品位，闪亮集团

品牌。

（一）多元校园文化，生态润泽

集团以"一元主导、多元交融"的立体化方式推进校园文化建设，致力打造融精神、物质、制度为一体的彰显"培元"特色的多元文化校园生态，打造以"美丽如画的花园、陶冶情操的雅园、求知强能的学园、生动活泼的乐园、充满亲情的家园"的文化复合型新校园。我们将办学理念、校训、校风等学校宗旨性人文精神都融入到两校区校园文化建设之中，两校区共同构建了"一城、两厅、三廊、四学园、五中心"的校园建筑文化格局，每个校区都设计了校训理念墙、英语文化廊、书香悦读吧、足迹园、笑脸墙等一批"校园文化景观"，并布置了习惯主题教育、书香主题文化、国际地球村等三大墙体文化系统，通过"一村五大洲 N 街"的主线布局将世界文化元素融合于两校区校园环境，使师生置身其中陶冶情操、愉悦身心、激发灵感、启迪智慧。

（二）多彩活动文化，发展个性

坚持"学校有特色、教学有特点、教师有特技、学生有特长"的办学追求，以丰富多彩的活动为载体，提高学生综合素养，为每一个学生提供理想的发展空间。我们以"打造董致校园，阳光精品社团"为目标，重点扶持了击剑、健美操、电脑机器人、航空航模等有效促进学生精神生命成长的社团组织，突出培养学生的创新、发展以及实践动手能力；以"体验董彩生活，阳光主题活动"为核心，围绕"两礼两季"（入队礼、成长礼、开学季、毕业季）主题活动，开展责任教育、感恩教育、行为规范教育等专题教育，培育学生乐观豁达、包容大气的个性情怀；以"搭建董秀舞台，阳光个性展示"为平台，提供舞台展特长、晒幸福，结合体育节、科技节、读书节、艺术节四大节为学生创设展示幸福的秀场，使学生在活动中学有所得，学有所乐，并将更多的阳光和快乐传递给周围的人。让学生在实践中体验更加充分、更高层次的"自我实现"。

三年的携手前行，三年的风雨同舟，三年的探索之路，让我们深深体会到办好集团学校推进教育改革，领导重视是前提、深度融合是关键、师资配备是重点、质量提升是根本、科学评估是动力、高效管理是核心。走"四同步、四融合、四到位"的集团一体化办学之路，让我们放大了优质教育资源，整体提升了办学水平，进一步促进了教育优质均衡发展。

第二节 走向共生：教师团队建设的精神塑造

当前，全社会更加呼唤多样化、创新型的人才，建设高品质学校是未来教育和未来学校发展的必然走向。教师的专业行动是高品质学校建设的核心要素之一。高品质学校建设，要坚持以人为本，要关注教师专业成长，要用人本化的管理方式激发教师对学校的热情。

教师的团队精神直接影响到学校的整体教学效率，同时对学校的管理品质起着重要作用。对此，学校应采取多种措施加强教师团队建设，促使教师在教学中多措并举，齐抓共管，帮助学生实现全面发展。建校以来，我校接力搭建青年教师可持续发展的绿色平台，让生活在团队里的青年教师，形成相互尊重、相互信任、共同研讨、共享经验和共同发展的"共生"机制。在管理上形成青年教师的合力性、协作性、学习性、分享性于一体的发展性和开放性的共生评价制度，创建一个积极、团结向上、富有凝聚力的共生型教师团队，以保证教师在改革实践中不断学习与反思，合作与进取，分享与激励，不断提高师德和专业水平。

一、聚焦团队向心的教师"家文化"营造

爱家是中华文明的精髓，是中华民族的灵魂，几年来，我们致力于用亲情和关爱打造温馨、和谐的"家文化"，构建教师的心灵家园，引领教师感受团队温暖。我们倡导的家文化是爱的文化——爱学生、爱同事、爱学校。

（一）信任——培育以爱育乐的校园和乐文化"爱家"

1. 合谋解读和乐——寻找和乐文化核心

只有共同思索才会有共同文化的认同，才会有后续坚定的执行。为此，我们带领师生对"有一种快乐叫_____"进行解读，寻找我们心目中共同追求的和乐文化的核心内涵。开展"培元教育"引领下的校园文化建设研讨会，组织教师反思现有校园文化建设现状，学习高品位的校园文化建设经验，引导教师思考：我们需要怎样的校园文化？我们的校园文化还缺少什么？通过师生共同思考和解读，我们最终形成"求知、向善"的校训，"博学明礼、修身健体"的校风，"尊重关注、乐教善教"的教风，"乐学善思、自主合作"的学风，让师生爱于心，乐于行。让大家朝着同一个目标，形成共同的价值取向，不断增加凝聚力，努力让快乐更多一点。

2. 合力创造和乐——建设和乐文化项目

实施"家文化"，首先要把学校建设似家，让师生在校园里感受到家一般的温馨、和美。建校以来，我们着力建设师生喜欢的和谐和美的校园环境。走进校园，目之所及的每一处设计都着眼于师生的情感体

验，从色彩到格局、从内容到结构……都是为了带来家一般的感受，建设师生喜欢的室内文化。走进办公室，"有家，有爱，有责任"七个大字便映入眼帘，时时在告诉每一位教师，这里是家，这里有爱，更有责任。一块温馨提示的白板，上面挂满了种种资料与通知，这是我们这个"家"的信息窗。一整面的照片墙张贴着教师每一年的全家福，营造出了温馨向上的办公室文化。每一间教室更是学生温暖的家，"我的公约我做主"，各个班级的孩子们通过讨论、商量，都制订了自己的"班规""班约"，"小小啄木鸟""爱阅读乐分享""爱心加油站""书虫部落"……各具特色的班级文化让学生个性得到张扬。

3. 合心发展和乐——打造和乐团队文化

我们致力于构建一支爱教善教、乐于奉献的教师队伍，从三个关注入手着力提升教师职业幸福指数。一是关注教育的发展趋势。引领教师紧跟时代发展赋予的新使命和师德新要求，加强对教育形势及前沿教育理论的学习，增强教师的工作紧迫感和危机感，做"让家长满意的教师"。二是关注教师的生活及心理健康，让教师爱教。坚持开展以"欣赏"为主题的师德教育活动，通过心理健康讲座等形式，消除教师的职业倦怠感和压迫感，让教师能够和乐工作，幸福生活。三是关注教师的专业成长，让教师善教。一方面，实施校内带动策略——推行骨干带动和"同读一本书、读透一本书、用好一本书"读书带动策略，定期开展"相约周三教研日"和"和乐教师评比"活动，以骨干为引领、用奖励变激励、靠研修促培育，加快教师专业成长。另一方面，实施校际联动策略——加强校际联盟，通过定期访学、网络教研等形式，搭建跨区域跨学校沟通交流平台，激发教师专业成长的内驱力，做到智慧共生、成果共享。

图2-1 "相约周三教研日"活动

图2-2 堇山小学首届"感动堇山"青年教师颁奖典礼

（二）合力——完善以和育乐的校园管理文化治"家"

1. 完善制度，夯实和谐发展的基础

学校在制订和执行制度的过程中，注重制度管理和人文管理的融合，做到刚柔并济，治"家"有方。一是坚持把简单的事情程序化。程序化就是标准化，如编制三好习惯三字经，完善一日常规，让每件事都有章可循，有法可依。二是坚持把标准的事情反复化。反复就是坚持，以"常规落实周"活动和"和乐系列"活动为抓手，一周落实一个重点，天天坚持，反复抓，抓反复，让学生在坚持中感受习惯的力量。三是坚持把精细的管理制度化。制度化就是通过学校相关制度的制定和实施，利用法规手段管理学校，把学校管理纳入制度化的轨道。让教师有法可依，有章可循。

2. 坚持创新，紧抓和谐发展的关键

没有"创新"，墨守成规的团队将是一群庸才的集合；没有"坚持"，意志脆弱的团队执行将大打折扣，成为败军。我们创新了教师队伍管理形式。变科室管理为团队管理，坚持开展"和谐团队争创活动"。我们将全体教师分成了各个学科团队，制定活动方案与评比细则，从"过程"和"结果"两个方面进行量化评比。把日常的教学常规管理、学生常规管理等工作纳入考核指标之中，一周一反馈，一月一评比，全体教师以主人公的姿态投入学校工作之中，营造讲正气、求上进、和气的人文环境氛围，打造相互鼓励、相互帮助、共同成长的教师队伍。我们还创新了教师专业成长机制。成立了倡导合作、分享、自下而上研究理念的教师学习与发展共同体，引领教师踏上了一条自主、和乐的研究成长之路。让教师在创新中坚持，在坚持中创新，专业素养得以快速提升。

3. 和而不同，坚定和谐发展的目标

没有"合作"，各自为战的团队将是一盘散沙；没有教师正确的"自我"，个性缺失的团队将是被禁锢的竹篓。我们强调志同道合，追求和而不同。我们包容差异，尊重差异，追求内在的和谐统一和个体的特色发展。学校开展"和乐教师评比活动"，采用多种途径：包括自我评价、家长评价、学生评价、同行评议等。注重骨干引领，变奖励为激励，有效促进教师的专业发展。开展魅力和乐课堂建设活动，抓实和乐课堂建设，落实"四环一体"基本模式，追求教师教得有序有效，学生学得自然自主；推进优质和乐课堂打造，合理运用基本环节，追求教师教得有情有趣，学生学得自创自乐；倡导魅力和乐课堂探索，灵活运用基本环节，追求教师教学无痕有特色，学生发展有个性。学校通过常态教学、螺旋磨课、和乐课堂风采赛、和乐课堂交流研讨会等系列活动的开展，打造独具教师个人魅力的和乐课堂。

（三）执行——打造以责任育乐的校园行动文化"兴家"

家文化是责任文化。责任源于爱，有家有爱有责任。我们追求的责任文化表现为师生的自主管理与主动发展。我们倡导固定理念，实行"一日校长助理、学生自主管理岗"制度。坚持每一位教师"固定时间出现在固定地方"，坚持每一项工作"固定时间进行固定检查"。在学生常规养成管理上坚持自主管理与检查考核相结合。形成"教育—管理—反馈—再教育—再管理—再反馈"的工作模式，加强督促与指导。我们坚持联动合作的活动形式，由过去的领导一言堂改为各个团队轮流组织开展。根据学校当前工作需要确定主题，然后由负责团队开始策划、搜集素材、组织实施，最后把活动实录汇编成一期"董小在线"。整个活动自始至终全部交给教师来完成，领导由台上坐到台下，由主角

变成参与者、欣赏者。"学习和研究让教师主动"使教师在担当主角中品尝主动参与带来的和乐。家文化是学校管理的必然选择，助推了学校和乐教育特色的发展。

二、青年教师团队"协作学习"文化的营造

（一）沟通——使学校成为教师温暖的栖居地

每年，学校都会评选"最具活力教师""感动堇山人物"，获奖名单由民主推荐产生，教师们对这份荣誉的珍惜程度不亚于在外比赛拿到大奖；每个月，学校都会给当月生日的教师送上生日礼物，汲取家人的温暖；每周，学校都会安排各类社团，在结束了一天繁杂的工作后，这里成为了教师们放松身心的最好去处。不定期开展教师趣味运动会、端午节包粽子活动、校外拓展活动、烘焙时光等。

"只有当教师感受到温暖和关爱，真正把学校当作自己的另一个家，教师才会'安教''乐教'。""堇山号"，就是教师们的第二个家。来到堇山，我的教师梦得到了延续，就像教师誓言上说的，"做一名静心教书，潜心育人的好老师，努力用尊重关注真心呵护，用多元发展来塑造个性，用习惯培养来奠定基础，做一名堇山小学的好老师"。

（二）包容——定位教师专业发展的"坐标点"

一群人，一起走，才能走得更远。为此，学校成立了"青年教师俱乐部"，将三年内的新教师拉进"朋友圈"，定期开展基本功比武、经验分享等活动。良好的学术氛围，犹如大自然中的负氧离子，激活了青年教师成长的内驱力。如果说师徒互帮互助让年轻教师和老教师结成了"同盟"，实现青年教师的"拔节"，那么，把青年教师会聚

在一起，则可以让他们互相"取暖"，共同进步。"自从加入了'青年教师俱乐部'，我欣喜地发现，自己不再是'孤单'的一个人，而是共同体中一个活跃的细胞。通过各种各样的活动，让我从风格各异的教师身上汲取经验，从他们身上感受对教育的热情。"一位青年教师如是说。

（三）合作——为教师寻找成长"高级合伙人"

如何让一线教师获得尽可能多的学习机会？教师的专业成长离不开前辈的引领，带着这样的思考，学校借力引智，为教师寻找成长"高级合伙人"。

师徒结对，帮助青年教师站稳讲台。每一位搭乘"堇山号"的青年教师，都能收到一份堇山小学为其私人定制的惊喜——学科导师。在校长的见证下，师徒签署结对协议，从此，身为徒弟的青年教师不再迷茫。师傅还会作为青年教师课堂助教，让他们的课堂更加饱满、充实。青年教师也经常作为师傅的课堂助教，有恍然大悟之感。课后与师傅们探讨课堂教学中的点点滴滴，让青年教师教学路上的每一步踏得更加坚实有力。

（四）自省——点拨式个性总结寻进步

反思自省是青年教师成长的最有效形式，也是教师专业发展的核心因素。校本教研只有转化为教师自我反思行为，校本教学和研究才能得以真正落实。为了帮助青年教师增强自我反思的效果，取得更大的进步，学校引导青年教师在学期末进行个人学期改进式总结，伙伴顾问团帮助青年教师总结阶段性的不足，提高成长规划的实效性，取得更大的进步。

学校每学期末开展青年教师学期总结经验交流会。青年教师根据学期初的成长规划，对自己一学期的表现进行自评，即进行个人反思式总结，总结工作中优点和缺点。伙伴顾问团以哥哥姐姐的身份参与交流会，在轻松、融洽的氛围中，青年教师自由发言，分享在一学期工作中的收获、喜悦、不解与困惑；针对青年教师的困惑，伙伴顾问团也现身说法，传授自己作为过来人的经验感受，为青年教师出谋划策。

三、青年教师团队的"正能量"文化的秉承

（一）分享——共探式课例研磨提能力

以教研课为载体，开展课例共同研磨。学校各教研组开展两周一次的同创共享课教研活动。青年教师在课例研讨中完成一次完整的课堂行动研究，过程为：研磨课例—实施课例—反思课例。在此过程中，教师结成伙伴团相互交流与分享打磨课堂技能。在这项活动制度化后，青年教师观察思考自己存在的不足，学习伙伴们的教学技能，在实践中不知不觉提高专业水平。

在研磨课例环节，对于同一学科的教师，不论其是主讲教师还是听课教师，都应在研讨前一天完成备课，并上交教研组长。在活动前的课例研磨环节，主讲教师详细阐述备课思路和内容。听课教师就主讲教师的教案，提出改进意见。集思广益，协作教研，帮助主讲教师理清思路，突破重难点，优化教学设计。主讲教师调整方案，进行二度设计。

在实施课例环节，主讲教师依托修改好的教学设计实施方案，实时关注课堂生成，根据课堂生成情况对教学设计进行反思，根据学生的互动情况适时调整实施方案。

图 2-3 同创共享课教研活动

在反思课例环节，每位听课教师针对主讲教师的上课情况进行发言，找出课堂的优劣之处。学校推出"三五式"评课方法，为主讲教师提出三点优点，五点改进意见。主讲教师根据伙伴们的意见，再次梳理方案，开展三度设计。

（二）激励——完善青年教师专业成长的奖励机制

我们在校内的评价机制关注到了青年教师的成长过程，及时了解青年教师在成长过程中的问题，及时解决成长中的问题。评价过程中不仅关注到教师的问题，还关注到教师的进步，给予奖励，增加校级荣誉的评选，让青年教师得到学校的认可，激发青年教师的成长动力。

在教学方面，每年举行"董知杯"青年教师大赛并颁奖；在班级管理上，每年有"优秀班主任"称号的评选演讲；在专业技能上，开展了"青年教师论坛"评选，还有"感动董山青年教师"颁奖；当青年教师参加区级市级及省级比赛时，整个教学团队都抱成一团，资源优化整合。比如"教坛新秀""优秀班主任""优秀教师"评选等，这一些奖励以及论文发表和课题成果在期末的时候都会量化得纳入学校的考核机制中，使得青年教师学有所得、产生更大的动力。

第三节 互补互助：校本共研体系的生态重构

高素质专业化的教师队伍是品质教育的保障。引领教师走向主动发展的法宝是"逼近专业"。职业会倦怠，但专业不会，我们坚信只要把教师引领到研究上来，让专业的人做专业的事，就会让每一位教师的自我价值得到实现。

建校以来，我们从促进每个人的发展出发，以教研转型和教研迭代重建学校、重构课程、重塑课堂。学校以培养学生核心素养和关键能力为基石，从"教师成长、课程建构、教学转型、质量评价"四大路径入手，着力实现"为会而学，为学而教"，实现品质教研新样态。

"为会而学，为学而教"是我校打造品质教研的基石，也是课堂教学真正从应试本位向人的发展本位转型的关键所在。要想实现这一突破，就必须在教研理念与实践中率先完成校本教学研究的"一体化"转型，这种转型从来都不是一蹴而就的，而需要做好充分的结构调整。近年来，我校以英语青年教师教研微共体建设为试点，通过"三度三式"教研微共体活动模式的有序实施，培养有智慧、善思考、会创新的青年教师，构建形成"层级清晰""定位明确""互联互通""研训一体"的校本教研共同体新生态。

一、打造创智团队，构建和合的微共体文化

（一）智"创"：建构智慧和谐的团队向心文化

1. 组建特色互补的微共体

与传统的师徒结对方式不同，微共体的组建更倾向于成员自主申报，他们有共同目标，知识和技能可以互补，相互之间可以共同协作，有凝聚力和执行力。微共体团队成员以4~6人为主，以骨干教师和新生力量构成，两者就像一个合唱团中的合唱者和领唱者那样，一领众和，气势顿生，他们之间的互动、互助、互和容易形成"青年教师+"的良好成长氛围。骨干教师和青年教师共商教学的技能，共享教育的智慧，凝心聚力，实现微共体成员的互助共赢。

2. 实施梯度渐进的成长策略

"教研微共体"团队的组建充分考虑到教师的层次，不同教龄的教师、不同层级的普通教师、骨干教师、名教师的加入为微共体的教师梯度建设提供了保障。在微共体内我们分别以教龄1~3年、4~6年、7~8年三个时间点为划分依据，分别对这三个时间段内的青年教师提出了专业发展目标。第一梯度的青年教师重在"模仿学习、适度展示"，第二梯度的青年教师重在"实践反思、品质提升"，第三梯度的青年教师重在"教学创新、研究提炼"。通过不同梯度的目标定位、行动实施和骨干导引，为青年教师量身定做成长规划，通过技能、科研、阅读三个模块的研修，促进不同梯度的青年教师有序和可持续发展，促进微共体团队和谐共进。

3. 开展适性成长的融合活动

每个青年教师学习的背景不同，成长的环境不同，对教育教学的认

知不同，各自的专长不同，对各自的专业成长要求亦不同，我们通过各类微共体融合共建活动如"说说我的教育梦""夸夸我的新伙伴""相约我的课堂""一起来说吧"等来观察和了解每位教师，走进他们的世界。通过这一系列有温度的融合举措，了解每位青年教师的生长点，挖掘他们的内燃点，为他们量身打造成长活动，在团队中自主自愿借力成长。

图 2-4　相约我的课堂　　　　　图 2-5　相约我的课堂

图 2-6　夸夸我的新伙伴　　　　图 2-7　夸夸我的新伙伴

图 2-8　一起来说吧　　　　　　图 2-9　一起来说吧

(二) 智"谋"：建构全员浸入的团队制度文化

1. 全员协作制

我们通过全员协作制度让每一位青年教师在每一个活动中都担任角色，每一位青年教师都带着自己的思考走进活动，在互动研讨中优化活动过程，在分工合作中展示微共体活动的成果。以课堂教学研究为例，我们把全员协作分成了四个环节：一是前期准备——确定研究主题，各自解读教材；二是中期准备——成员说课，优化组合教学设计，全员分工准备教学；三是课堂呈现——确定成员开展课堂实践，全员课堂观察互鉴；四是后期改进——修正教案再现课堂，骨干引领。课堂教学全员协作四环一体，改变了一个人翩翩起舞的课堂呈现，改变了多个人泛泛而谈式的课堂点评，每个教师因全程浸入让自己的观察和思考更有针对性和方向性。全员协作制运用团队的力量促使青年教师深入剖析和思考每一个活动研究中出现的问题及其原因，化被动为主动。

2. 同伴互助制

我们通过同伴互助制度让每一位青年教师在每一个活动中畅所欲言，敢于表达自己的观点，运用思维碰撞方法进行头脑风暴，生发智慧，并实现同伴之间的智慧共享和思辨能力的提升。例如，上述的四环一体课堂教学研究无论是从教学设计的优化，还是课堂呈现前的准备，无论是从课堂实践与互鉴，还是教学修改与再现，无处不体现着同伴的身影。再以"沙龙会谈"为例，我们以微共体中的骨干教师为主持人，串联设计沙龙的主题和过程的引导，各位微共体成员就主题结合自己的实践和经验与同伴进行深度的会谈，旁征博引，畅谈分享，在共享中分享同伴的收获、汲取同伴的经验、实现主动的自我提升。

3. 抓阄练课制

传统的课堂教学教研活动侧重于一位教师完成教学设计、课堂呈现、课后修改的全过程，而在"教研微共体"活动中，我们侧重全员协作备课，每个成员参与备课、研课的全过程，熟悉教学设计的每个环节和意图，参与课件和道具的制作，参与板书的设计，并在课前以抓阄的方式确定每一次的上课教师。这样的抓阄练课制倒逼每一个微共体成员用心合作，主动沟通并随时准备进入上公开课的状态，每一位微共体成员全身心地投入到活动中，让练课变得有实效、有挑战、有收获。

（三）智"研"：建构思辨一体的主题教研文化

1. "小问题"主题化交流

青年教师在实施教学的过程中，必然会碰到各种各样的问题和难题。将教学中真实的、普遍性的甚至是个性化的问题呈现出来，在微共体的平台上进行陈述，听同伴的意见和建议，获得骨干教师的观点引领，大家一起对问题进行追本溯源，挖掘问题背后的深层次原因，让青年教师学会带着研究的眼光和意识来正确对待碰到的问题。这些"真问题""小问题"交流与研究主题明确，实效性强。从细微处入手，让"小问题"变成思维的起点，既培养青年教师的问题意识，又在互动辨别中真切地解决困惑。

2. "全课例"主题式研讨

对于教师而言，课堂是教学的主阵地，课堂教学研究则是主战场。"全课例"解读活动就是帮助青年教师成功奔向教学高地的一条捷径。观看并分析全国各地优秀教师以及身边同伴的课堂教学课例，探讨每一个环节安排的意图，寻找每一个活动设计背后的目标与作用，协助青年教师不仅要知其然还要知其所以然，然后学习、模仿并应用于自己的课堂实践。我们发挥微共体团队的力量，作对比、找差距、想原因、求策略，同研共享，最终实现青年教师的自我突破和专业提升。

3. "真故事"主题化叙事

教师每天和学生同处一室，无时无刻不在发生着"故事"，感人的、有趣的、懊悔的、生动的……把这些发生在自己身上的真实的故事记录下来，在微共体平台上进行主题化发言，讲好自己的故事，分享自己的经历，引发同伴的思考和共鸣。

二、创新教研方式，构建协同的教研新模态

（一）诊：问诊课堂，协同支招

1. 多元看课

教师和学生是课堂教与学的两大主体，也是重要的课堂教学观察点。教研微共体成员从执教教师对教材资源的重组利用、教学行为的规范、课堂讲解的效度、对话的深度、教学设计的调整、教育机智的运用、课堂学习的指导等教师"教"的维度进行观察，问诊教师的课堂，发现并记录问题，剖析并形成解决策略。同时，我们从学生的倾听和发言、参与课堂活动、课堂学习习惯、课堂进程中的提问思考等学生"学"的维度进行观察，收集问题，把脉教师的课堂，实现"病因"溯源，便于对症下"药"。

2. 轮番问课

在多元看课的基础上，微共体成员则根据各自看课的维度和记录的各类问题，在成员间开展问课交流活动，我问你答，既听上课教师对问题的陈情，也听同伴对所提问题的思考，更听骨干教师对所出现问题的

剖析和对策。在这样轮番问课、互动思考、协同支招的方式下，课堂诊断活动有的放矢，分析"病因"，实现对症"处方"。

3. 当堂测课

经过对青年教师课堂的反复问诊和过程跟踪，微共体成员分工合作，齐心协力解决课堂教学中出现的各种各样的状况以及大家心中感到困惑的问题，经过一次次的合作练课和解析课堂活动，以及对学生的口头问测、内容抽测、随机问卷等检测各类"处方"的成效。

（二）理：看课说理，各抒己见

看不同的课堂教学课例，解构名师、优师以及同伴课堂组织的全过程，我们不仅要知其一，更要知其二。看课过程中微共体成员努力解读每个教学活动的内涵，结合自己的经历和经验并对自己所承担的观课任务抓观察点进行说文解字式的解读，可以是片段赏析，也可以是问题呈现，抑或是策略改进，形成"看课—说课—论理—用理"特色课例论坛研修模式。

（三）炼：自我提炼，同伴分享

"炼"即"实践分享式"的课堂提炼比对。重在引导青年教师积累课堂经验并总结提炼，让每一个学习活动的展开有理有据。它可以是教学案例赏析和微观点分享，可以是"教育一得"，也可以是课堂故事分享和教学叙事鉴赏等，让青年教师担任主讲人促使其对教学经验、教育故事等进行精心提炼、概括和提升，不断推动他们进行理论和实践的比对学习和反思提炼，进而进行教学的再创造、再创新。

三、探寻主题活动，构建共研的生长圈

(一) 共读：构建主题阅读圈，挖掘教师"智慧源"

青年教师乃至所有教师实现高水平快速专业发展的基本途径，就是读最适合的书籍，研究借鉴最好的教学经验。读书是青年教师专业成长的需要，唤醒青年教师心中的教育理想，读书更是青年教师生发教育智慧的源泉，是点亮青年教师教育旅途的灵魂航灯。我们按阅读主题建立了青年教师阅读书单，每学期安排微共体成员共读一本书，召开一次读书会，谈一谈自己的感想以及对自己课堂教学的启示，完成一次读书推荐活动，通过这样的三个"一"活动方式逐步扩大青年教师的阅读圈，积淀自我，进而生发智慧。

(二) 共论：构建主题互动圈，搭建教师"思维塔"

青年教师的成长需要脚踏实地，也需要仰望星空。教研微共体不仅仅是一个学习共同体，更是一个教师的互动圈，圈内人亦师亦友，大家在互动圈里进行头脑风暴，进行彼此间的唤醒与激励，共同探讨课堂教学的真谛。从同伴间的课堂杂谈到成员间的实践论坛，从骨干主导下的沙龙会谈到专家引领下的百家讲坛，不断地扩大和提升我们的互动圈主题，为青年教师提供思想表达和思维成长的舞台，拓宽教师的视野，螺旋发展教师的思维品质，帮助青年教师树立自我发展的信心，唤醒自我发展的意识。

1. 同伴互论，激活思维

课堂是教师专业落地和实践的主阵地，是教育故事发生的主场所，是每一位微共体成员获得专业成长的摇篮。教师把发生在课堂上的故

事、课堂教学中的一切疑惑、自己的所感所想与微共体同伴进行交流、讨论，我们通过搭建课堂杂谈、实践论坛这样的主题式研讨平台让青年教师把平时积累的隐性知识不断外显，持续激活他们的思维，在与同伴互论中养成"思考—修正—再思考"的良好思维习惯，并反哺自己的课堂。

2. 骨干共论，拓宽思维

如果说同伴间的相互讨论是青年教师思维发展的起点的话，那么骨干教师的加入则是拓宽青年教师思维的助推剂。同伴间的交流讨论由于受到教育教学经历和经验的限制以及各类理论依据的缺乏，交流容易浮于表面。我们采用沙龙会谈的方式，营造氛围，让青年教师畅所欲言，直面教育教学中难以解决的问题、长期存惑的问题，让骨干教师答疑解惑，在他们的适时点拨下拓宽青年教师的思维。

3. 专家导论，发展思维

清朝名将左宗棠先生曾题过一幅对联，其中下联为："择高处立，就平处坐，向宽处行。"意指一个人需要立足高地，因为只有站得高才能看得远，看得远才会有大视野、大格局，也才能超越自我。对于青年教师的培养亦是如此，只有高位建构才能不断催化教师成长的内在燃点。我们通过开设"百家讲坛"，邀请各类名家走进微共体传播他们的教育思想，引领青年教师教学发展的方向，让青年教师与专家对话，走近名师大师，培养深度思维，让深度学习成为可能。

（三）共享：构建主题资源圈，打造教师"图书馆"

我们倡导每个微共体成员在日常的教学过程中要有资源的积累意识，每个成员关注的点不同，积累的资源就不同，如果共享大家的资源，就可以发挥资源的最大效益，服务日常的教学活动。我们根据学科性质按主题对所有的资源进行分门别类，创建了课件园、设计馆、动画城、绘本屋、故事林、素材库六大资源圈，打造教师身边的"图书馆"，方便微共体成员们随时提取。

课件园、设计馆重在收集微共体教研活动过程中老师们研讨后的课堂教学成果，以及各位成员日常教学、学习过程中发现的优秀的教学成果；而动画城里收集的则是各类优秀的英语动画资源，如《小猪佩奇》《迪士尼英语》等学生们喜欢的动画素材；绘本屋、故事林则收集了各种各样的阅读素材，如牛津树系列、丽声绘本阅读系列、攀登英语系列等；素材库里则为老师们提供了图片资源、英语歌曲资源、教材音频资源等。通过构建主题资源圈，实行专人负责制，不间断地对资源库进行更新和充实，以共享的方式助力教学。

第四节　开放共享：社会教育资源的联动整合

党的十九大报告强调，全面建成小康社会，实现"两个一百年"的奋斗目标，要坚持"创新、协调、绿色、开放、共享"五大发展理念。五大发展理念深刻揭示了学校实现更高质量、更有效率、更加公平、更可持续发展的必由之路，为教育发展提供了科学指南和根本遵循。

在品质学校建设的发展阶段，"创新、协调、绿色、开放、共享"是教育事业发展做出的必然选择。实现教育的创新发展、协调发展、绿色发展、开放发展和共享发展是学校高品质建设需要明确的新发展样态。五大发展理念中，教育开放发展需要重视办学格局、办学理念的体现，重视对家长的教育、对社会的辐射，提升教育的"开放品质"；教

育共享发展需要持续保障教育事业的公平公正，构建学习共同体、发展
共同体，实现教育的分享、交流、共生、共赢。

近年来，在倡导全民阅读的社会大背景下，各级公共图书馆顺应时
代发展的需要，利用自身馆藏优势和人才优势，开展了形式多样、内容
丰富的全民阅读活动。但在实际运行中，公共图书馆难以吸引学生来馆
阅读和活动。公共图书馆想要在学生课外阅读中发挥重要作用，就必须
与学校协同合作。少年兴则国家兴，少年强则国家强。一个民族的精神
境界取决于这个民族的阅读水平，一个不重视阅读的学校很难有真正的
教育。提升小学生课外阅读能力，探寻课外阅读活动，开展新方向已越
来越为学界讨论的热门话题。

我校独辟蹊径，坚持"开放、共享"的发展理念，充分利用社会
资源，与宁波大学园区图书馆合作开展"馆校联动"，共同开发基于
"4I 模型"（Interesting、Interoction、Individuality、Interests）的小学生
课外阅读能力养成新模式，通过学校与图书馆的双重阅读推广，培养小
学生课外阅读兴趣和阅读习惯，并借此提升教育的"开放品质"。

一、遵循趣味原则（Interesting）——有序的引导策略

小学生的课外阅读活动要想顺利有序地推进，需要营造良好阅读氛
围，这是激发学生课外阅读兴趣的重要基础，倘若学生感受不到课外阅
读的趣味，就很难真正养成好的阅读习惯和阅读能力，因此遵循趣味原
则是前提。

（一）共同打造书香校园新环境

环境会影响人的行为，学生对阅读的兴趣潜移默化地受到校园环境
的影响。学校是校园环境建设的主体，而图书馆在营造、设计书香环境

上有更丰富的经验，能够指导学校做出改进，使校园各阅读区域充分发挥展示功能、教育功能、信息传播功能。在宁波大学园区图书馆指导下，我们充分利用校园每一寸空间来融合阅读元素。学生进入校园大厅后第一眼望到的便是一列列设计精巧的书柜，一册册图书被精致地摆放在书架上。而在走廊的转角处，学生总能惊喜地看到图书角展现在眼前。我们总能看到孩子们在这里享受知识的滋养。

学校在参考图书馆多彩展览窗的基础上，在每间教室外的墙壁上都放置了展板，由各班教师和学生自由发挥进行布置。展板上都毫无例外地留有一个版块，如"一路书香""我爱读书""跟我学小古文"等。上面可能会有风趣的小故事、动人的小文章、经典的小古文，也可能有孩子们的习作。通过这种环境建设，不仅美化了班级环境，更使学生更加明白好书美文并不遥远，就在身边，从而养成爱读书、读好书的好习惯。

图 2-10 设计温馨的堇秀书院

我校南北校区还各建有"董秀书院"。"董秀书院"模仿宁波大学园区图书馆的室内布局，按功能分成了教工阅览区、学生开放阅览空间、休闲阅览角、藏书阅览综合室等多个功能区。

"董秀书院"内充满活力的硬件设施，让阅读变得亲切可爱，舒适的阅读桌椅带给孩子们轻松、愉悦的阅读空间，让课外读物一点点滋润孩子们稚嫩的心灵，陪伴他们度过美好的阅读时光。

（二）共同开拓课外阅读新范式

学校同样是开展阅读教学的主体，我校大力开展了"一目两会三课四遇见"海量阅读课程，取得了良好的成果。图书馆同样可以协同学校的各类组织，在阅读教学方式上给予一定支持。

宁波大学园区图书馆协同我校教研组开展"课内阅读延伸"活动。教研组和图书馆合作，由教研组确定课外拓展书目，图书馆从同本书的不同版本中挑选出最适宜小学生阅读的具体版本。学生学完课文后，向其推荐阅读同主题、同体裁或与文本人物相关联的作品；学生学完名家作品，向其推荐阅读名家的其他著作。

在学期初，各教研组组织教师把"课内阅读延伸"活动的学期计划交给我校图书馆管理员，由他们配合宁波大学园区图书馆做好相关书籍的采购工作。学校图书馆管理员对文献进行整理、登记、分类，分发到对应班级，由班级书柜保存。同时开展图书漂流活动，各班之间每月交换图书阅读，使图书资源利用最大化。

二、遵循互动原则（Interaction）——多样的参与策略

作为"4I模型"的重要组成部分，在开展"馆校联动"的实践中，我们希望通过师生互动、家校互动、馆校互动等多种方式邀请学生参与

课外阅读实践活动，通过一系列的阅读互动，使小学生参与课外阅读的兴趣更加浓厚，也使小学生的阅读能力获得了更好的巩固或提升。

（一）搭建线上线下交流平台

小学生的课外阅读如果有家长的参与、支持与引导，会大大加强孩子进行课外阅读的积极性。教师在设计布置课外阅读书目后，可以利用图书馆海量的电子资源，组织家长们线上共读，真正达到家长与孩子同步阅读的目的。

活动举例：

我校408班在布置课外阅读书目后，宁波大学园区图书馆就与超星公司展开合作，在宁波数图 APP 上设置了共读小组。小组的书目中，按照月份分类，将每月共读的1~2本书的电子版图书放在菜单中，只要家长加入小组，就能及时准确找到课外阅读的书目。以董山小学408班25号学号的家长为例，她与孩子同步阅读了2018年9月的共读图书——《夏洛的网》，她在阅读的时候，经常与孩子交流书中的故事情节，分享夏洛和威尔伯真挚友情的感动片刻，感受到了董山小学教师推荐世界优秀著作的魅力。家长、老师都能发表读书心得感受，共同参与阅读讨论。另外，电子书也使家长们随时随地利用碎片时间阅读图书，实现亲子共读的目标。

（二）搭建课外阅读交流平台

在组织学生开展课外阅读的过程中，引导他们进行阅读交流是十分重要的，《礼记》曰："独学而无友，则孤陋而寡闻。"要让每个学生都参与到课外阅读中就需要建设一个交流平台，通过交流关键信息，发现语言表达的密码，实现阅读能力的提升。

学校可以和图书馆合作搭建课外阅读交流平台，主要形式有在校园网或图书馆网站设立交流栏目。我校协同宁波大学园区图书馆在之江汇平台设计"共话读书"栏目，邀请学生在课外阅读后将读后感、随笔、读书小报等阅读成果放在该栏目中，同学、老师、家长都可以分享内容。学生在这种分享中发现书中的亮点和疑惑之处，同时也在交流中与同学、老师达成共识。通过线上课外阅读交流平台，学生能够长久保持阅读的热情，逐渐养成阅读的习惯。

（三）搭建教育讲堂交流平台

开展讲座、论坛是馆校互动常见的模式，依托宁波大学园区图书馆开设的"宁波教育大讲堂""文学名家进校园"等系列活动，我校邀请专家学者走进校园开办讲座，或组织师生走出校门参与图书馆举办的教育大讲堂，在学生和名家间搭建起交流桥梁。学生也在这种互动交流中对课外阅读产生了更浓厚的兴趣。

活动举例：

2018年9月，宁波大学园区图书馆邀请宁波市优秀播音员、鄞州电视台主播姜琴老师走进董山小学，举行了"学习普通话，提高语言表达能力"知识讲座。当天下午，四年级段200多个孩子在学校和雅厅里一起聆听了讲座。姜琴老师深入浅出地为孩子们介绍讲普通话的声调和语流音变，通过列举大量例子，领着孩子们反复朗读，努力引导他们读准普通话四声，读准轻声、儿化、语气词"啊"的音变。姜老师还带来七类有一定难度的绕口令，通过范读、跟读、引读、齐读、抽读，引领孩子们朝着预设目标一步步靠近。一个半小时的讲座收到了比较理想的效果，受到了孩子们的热烈欢迎。

三、遵循个性原则（Individuality）——自主的学习策略

课外阅读同样要遵循个性化原则，在阅读教学中要充分保障学生的主体性地位，要关注到不同学段学生具有的不同学情，要着眼于学生面对不同文本、不同阅读情境下的认识变化和情绪变化。所以馆校两方在开展个性化阅读时，要做到充分激发学生主动阅读的兴趣，让学生成为学习真正的主人。

（一）馆校合作设计书单

不同学段的学生在知识结构、思维方式、学习能力等方面都存在差异。学校每学期通过教研组的调研后，结合教材内容、知识点设计出相应年级的阅读书目。我校在设计阅读书单时，同时邀请了宁波大学园区图书馆馆员协助挑选推荐书目。

馆校合作设计书单的优势主要体现在，传统上学校老师在挑选书籍时主要从教材的板块和学生已有认知水平去考虑推荐书目，但教材中"快乐读书吧""和大人一起读""阅读链接"等板块出现的课外读物是有限的，且学生存在个体差异，如何确定最终书目始终是一个难题。而我校老师在利用宁波大学园区图书馆海量书籍的基础上，通过借阅大数据分析各年龄段学生分别对哪些图书的兴趣较浓厚，选择出最合适的阅读书单。

（二）馆校协同开展活动

宁波大学园区图书馆开展了大量的阅读活动，形成一系列活动品牌，如"宁波教育大讲堂""阅读沙龙""文学进校园""小星星阅读课堂""春天妈妈故事会"等，拥有一支专业的阅读推广人才队伍。而

堇山小学在办学中也开发形成了"一目两会三课四遇见"海量阅读课程。

我们将图书馆的"小星星阅读课堂"活动融入我校海量阅读课程中，邀请了图书馆专业老师为学生开展了阅读启蒙课，在学生中取得了较好的反响。

活动举例：

2018 年 11 月，宁波大学园区图书馆傅卫平老师经过精心备课，为 408 班的孩子们带来一堂阅读课，主题为"让阅读成为一种习惯"，她分四个部分为孩子们讲解，包括：阅读的历史、阅读的益处、阅读的书单和如何利用图书馆。傅卫平老师结合史蒂文·罗杰·费希尔的《阅读的历史》一书，为小学生讲解了阅读的起源和发展。关于阅读的益处，傅卫平老师引用培根、张贵勇等多位知名人士的名言，指出课外阅读最大的好处是和古今中外的名人做朋友，还具有增长见识、丰富想象力、提升作文水平等诸多现实意义，她希望小学生们认识到课外阅读的重要性后主动阅读，让阅读成为生活的一部分。

四、遵循利益原则（Interests）——丰富的激励策略

遵循利益原则，就需要建立激励机制，让学生在不断的鼓励中获得课外阅读的成就感。馆校可以合作制定激励措施，从学生的阅读心理和阅读行动两方面入手调动学生阅读的积极性，帮助学生养成良好的阅读习惯。

（一）图书进课堂——激励主动阅读心理

为调动学生课外阅读的积极性，我校和宁波大学园区图书馆一同合作，依托图书馆平时开设的"图书漂流"业务项目，再结合学生年龄

特点和知识结构科学选择合适读物，由图书馆将图书送至学生手上。当看到琳琅满目的书籍时，学生很难不从心底爱上阅读。

图 2-11 孩子们认真阅读漂流书籍

活动举例：

2019 年一个早春的下午，课题组成员傅卫平在宁波大学园区图书馆漂流书中精选了 200 册适合小学生阅读的图书，进行打包加工后送进 408 班教室。宁波城市职业技术学院大学生志愿者，将图书整整齐齐摆放在 408 班教室窗台上。200 册书中有经典文学类、作文课类、自然科学类以及百科全书类等优秀图书。408 班的学生们，看到满满一窗台的好书，不禁欢呼雀跃，无论是下课时还是午休时都能看到同学们翻看书籍的身影。另外，班级还设立阅读小银行，让爱阅读的孩子能读更多地读到喜爱的书目，收获满满的成就感。

（二）书卡进校园——提升积极阅读行为

在引导学生养成良好阅读行为的过程中，图书馆、学校两方都存在难处。宁波大学园区图书馆虽举办了各类阅读活动，但由于小学生对图书馆了解不深，难以吸引小学生来馆阅读和活动。而我校由于离图书馆有一定距离，也很难组织学生到图书馆参加阅读活动，感受图书馆的阅读氛围。

因此，我校和图书馆协同合作，创建了宁波大学园区图书馆堇山小学分馆，并为学校分馆师生办理读者卡。截至 2020 年，宁波大学园区图书馆共为我校师生办理了近千张读者证，师生不仅能借阅宁波大学园区图书馆和堇山小学图书馆的馆藏纸质资源，也可以通过宁波数字图书馆网站下载海量电子期刊、图书、数据库。这项活动的开展，让我们的学生对图书馆这一社会阅读服务组织有了更深的理解，也对参与图书馆组织的阅读活动有了更大的热情。

图书馆和学校都是推进学生课外阅读的重要组织机构。经过几年的组织与协调，宁波大学园区图书馆和我校建立了一套完整的"馆校联动"机制，结合学生学情和多元发展的要求，对课外阅读资源予以筛选、整合，同时将我校已有课程资源融入到图书馆各类品牌阅读活动中，在我校教研组和图书馆员的共同努力下开发出各类阅读活动，以及相应的系列式物化成果，全面推进了学校"书香校园"的创建，2019年，我校选送的"一目两会三课四遇见"获评宁波市教育系统第七届读书节"校园推广活动优秀案例"一等奖，学校连续多年被授予"浙江省课外阅读先进集体"的称号。

第三章 铸造德育文化，立品质教育之根

——高品质学校建设的德育路径

第一节 具身内化：三好习惯的序化培育方略

"立德树人"是当前教育改革与发展的核心命题，"德育为先""育人为本"是教育的本质要求。我们认为，将品质落实在教育上，就是全面贯彻党的教育方针，坚持立德树人，加强社会主义核心价值观教育，增强学生的社会责任感，培养良好的行为习惯和优秀品质，提高学生的创新能力和实践能力，成就学生的美好未来。

传统德育过多地将道德作为知识，传授甚至于灌输给学生，这种基于"离身"认知观的传统德育脱离了身体力行，知行分离。直面这一难题，"具身德育"强调将心理、体力、脑力以及产生心理的客观现实、体力脑力劳动的情景等有机结合起来，将道德融入身体、心灵深处，成为身、心的有机成分，从而实现知行统一。具身德育是基于道德体验的基本心理过程，是一种以反观自我、躬身践行、情境感悟、文化熏陶为特征的德育范式。具身德育注重德育的具体化，在现实生活与具

体情境中展开；突现德育的自身性，只有反躬自身，把自己摆进去的德育才是真德育；关注德育的实践性，只有通过亲历实践，才能获得体悟。

习惯养成教育是一种培养人格和行为品质的德育基础工程。小学的德育工作应以习惯养成教育为主，在学习、生活和行为等方面加强对小学生的引导和教育。建校以来，堇山小学在"具身德育"理论指引下，致力于学校德育工作知行合一的大文章，将"三好习惯"养成教育作为奠基学生幸福人生、品质人生的基石，全面推进素质教育的突破口，坚持将学习、生活、行为"三位一体"的习惯教育一步一步推向深入：导之以行——以关注细节凸显养成教育的躬身践行；养之以情——以活动引领突出养成教育的情景感悟；化之以场——以课程推进深化养成教育的文化熏陶，"让好习惯滋润一生"的教育梦想在立德树人的堇山沃土上自由驰骋。

堇山小学建校之初就确立了"让好习惯滋润一生"的办学理念，视良好习惯的培养为育人之根本，以"自理、有序、主动"三项必备品格的塑造为核心，培育学生健康人格。通过多年的实践探索，我们初步构建了一套科学的、综合的、操作性强的"三好习惯"培育体系，用恒心、坚守描绘出属于师生成长、属于学校本色的教育风景。

一、新思路：建构序列化的习惯教育内容体系

具身德育强调德育的具体化，德育生活需细化成可操作的活动，让学生经历、参与，再在感悟与反思中形成自己的道德论断。学生各项良好习惯的养成是一个长期坚持不懈的过程，只有立足小学生生活实际，从宏观上对整个学段的各项行为习惯进行罗列和梳理，才能真正实现习惯教育有的放矢的具体化。

根据教育部对中小学生日常行为的基本要求，结合当代小学生身心发展特点和学校德育工作实际，2012 年建校伊始，我们便确立了"让好习惯滋润一生"的办学理念，将养成教育聚焦于"学习、生活、文明"三个重点习惯领域，确定了由 27 个主题，81 项细化内容构建而成的"小学生'三好习惯'内容体系"，并将全部内容均匀分布于学生的 9 个月校园生活之中。（详见表 3-1）。

表 3-1　小学生"三好习惯"内容体系

月份	学习习惯主题与细化内容		生活习惯主题与细化内容		文明习惯主题与细化内容	
九月	我会读书	·我有读书好姿势 ∶我有读书好计划 ∴我有读书小报告	我讲卫生	·我会早晚刷牙 ∶我会餐前洗手，餐后漱口 ∴我会睡前洗脚	我懂规则	·我会走楼梯 ∶我会过马路 ∴我会遵守交通规则
十月	我会写字	·我有写字好姿势 ∶我会书写整洁 ∴我是书写小达人	我会玩	·我会课间活动不打闹 ∶我会遵守游戏规则 ∴我会正确使用体育设施	我会整理	·我会整理文具 ∶我会整理桌洞 ∴我会整理房间
十一月	我会倾听	·我会老师讲课静心听 ∶我会不打断别人发言 ∴我会边听边思考	我会吃饭	·我能"光盘" ∶我能食不语 ∴我懂营养均衡	我懂礼仪	·我会主动问好 ∶我会礼貌用语 ∴我是董山小主人
十二月	我会表达	·我会说普通话 ∶我会课上大胆发言 ∴我会合理表达自我观点	我会锻炼	·我会认真做操 ∶我会正确热身 ∴我能每天坚持锻炼半小时	我爱卫生	·我会保持红领巾整洁 ∶我会勤洗澡（头） ∴我会定期换牙刷

（表格中的"·""∶""∴"分别代表"第一学段""第二学段""第三学段"。）

对于正处于认知启蒙和发展阶段的小学生而言，各项"三好习惯"细化内容需要借助一种通俗易记的表达形式来加强他们的理解与记忆。我们为每项内容都编配了短小精悍、朗朗上口的"好习惯·吟诵韵文"。以第一学段九月的"三好习惯"内容为例：

表3-2　好习惯·吟诵韵文

学习习惯·我有读书好姿势	生活习惯·我会早晚刷牙	文明习惯·我会走楼梯
一尺远，要牢记， 头摆正，肩平稳， 腰挺直，脚踏实。	小牙齿，作用大， 吃饭说话都靠它， 早晚刷，习惯好。	走楼梯，靠右行， 不慌忙，不拥挤， 靠右走，安全行。

二、新课程：开发多元化的习惯教育校本课程

具身德育突出德育过程的现实性，注重将抽象的道德规则落实到现实生活与具体情境中。课程是重要的育人载体和实施途径，也是全面实施"三好习惯"养成教育体系不可或缺的情境场。我们以"三好习惯"课程的开发与实施作为重要抓手，依托"三好习惯"内容体系，自主编写了符合小学生学习和身心发展规律的《好习惯·好人生》养成教育校本教材。该系列教材分低、中、高学段三册，每册教材分九个单元二十七课，借助故事、儿歌、新闻、实践型任务等形式实现相关习惯内容呈现。

与此同时，学校在具身德育理论指导下，坚持认知与活动结合、课内教学与社会教育结合、学校教育与家庭教育结合、文化陶冶与行为训练结合，根据课程实施场域不同，确定了"校内养成教育""家庭养成引导"和"社会养成实践"三大类课程主要实施样态。

（一）鲜活的养成教育来自校园——校内养成教育课程

校园是学生们每天生活时间最长的地方，良好的校园文化这一教育因素，将在学生人格品质上打上深刻的烙印并伴随终生。学校，作为学生日常学习生活的重要场所，也是培养学生优良行为习惯的有效场所。

立足校园，实施习惯教育，是夯实养成教育效果的基础工程。

1. 好习惯主题班会

每周三下午第三节课是我校"三好习惯"主题班会。各班导师根据既定主题，结合《好习惯·好人生》一书系统性、专题性落实养成教育课堂教学。

2. 好习惯微例会课程

该课程主要分成"国旗下晨会""好习惯午会"和"值日报告会"三类，每类时长在十分钟左右，具有简短精悍、重点突出的课程特性。"国旗下晨会"是每周一升旗仪式后的第一个晨会版块。学校根据每周习惯主题，通过轮流的方式安排各班学生以"好习惯小导师"身份面对全校师生组织开展演讲、知识竞答、戏剧表演等活动。每天午餐过后，班级导师会选取教室、图书馆、餐厅等校内场所，进行讲授式或谈心式的"好习惯午会"。最后是每天放学前的"值日报告会"，值日报告会根据班级"好习惯日志"上的各项记录，表彰各项行为好习惯，并及时针对当日存在的行为习惯问题提出改进意见。

3. 好习惯擂台

基于小学生竞争和表现欲望强烈的心理特征，学校在班、段、校三个层面分别开设"擂台"。针对每月的一项"好习惯"，精心设计竞赛活动。例如，第一学段十月生活重点养成习惯为"我会整理书包"，因此，学校就设计了"书包整理小达人"行为习惯竞赛活动。班级导师月初发布活动信息，全体同学共同开展书包整理与收纳技巧的学习。每月第四个星期，按照班、段、校从小到大的范围逐一开展活动，最后由家长、教师和学生代表共同评选出班、段、校级"书包整理小达人"。这样的活动不仅让学生感受到了养成"好习惯"的乐趣，更让家长亲眼见证了孩子们在行为习惯方面的各种蜕变与成长。

（二）真实的德育来自生活——家庭养成引导课程

家庭是儿童成长的第一环境，这个环境既直接影响着小学生行为习惯的养成，又在衣食住行点滴小事中蕴含着丰富的养成教育资源。为了切实实现养成教育在家庭教育中的有效融合，为了充分利用家庭资源，促进小学生良好行为习惯养成，学校专门创设了一系列的好习惯家校共育活动。

1. 好习惯互联平台

学校在学生"家庭作业记录册"中专门设置"好习惯记录栏"（详见表3-3），用于家校双方共同记录学生校内外习惯养成情况。一格不起眼的记录栏，不仅实现了养成教育的家校同步性，更有效促进了家校之间的沟通与合作。

表3-3 第一学段九月"三好习惯"记录栏

评价项目		九月学习习惯 我有读书好姿势	九月生活习惯 我会早晚刷牙	九月文明习惯 我会走楼梯	我们有话说
评价标准		★容易忽略；★★基本做到；★★★自觉做到；			
评价结果	自 评	☆ ☆ ☆	☆ ☆ ☆	☆ ☆ ☆	
	师 评	☆ ☆ ☆	/	☆ ☆ ☆	
	同学评	☆ ☆ ☆	/	☆ ☆ ☆	
	家长评	☆ ☆ ☆	☆ ☆ ☆	☆ ☆ ☆	

2. 好习惯亲子训练营

邀请家长与孩子通过协商，从当月"三好习惯"中选择或改编一条习惯内容作为训练项目，亲子双方进行21天不间断"打卡"。在家校双方的共同努力下，"好习惯亲子训练营"不但成为了促进亲子关系的重要途径，而且实现了家庭教育品质的实效提升。

3. 好习惯我当家

各学段从当月"三好习惯"中选取一项内容作为该月"当家"主题，在每月的最后一个星期日开展"当家"活动。例如，每年十月最后一个星期日是第三学段同学们的"整理小当家"活动时间，同学们会选择家中的某几个房间开展整理活动，并以照片留影的方式记录当次精彩活动过程和成果。

（三）真切的感悟来自实践——社会养成实践课程

陈鹤琴先生明确指出："学校活动要以大自然、大社会为活教材。"华盛顿博物馆的墙壁上也镌刻着："我听了就忘了，我看了就记住了，我做了就理解了。"于此，教育工作者应让养成教育跨越学校和家庭的围墙，为学生创设更为开放的实践体验空间，让学生在自主开放的氛围中，将他们对好习惯的认识转化为自身优良的行为素养。

1. "小堇灵"微公益活动

在学校家长委员会的鼎力支持下，每周六上午全校六十个班级轮流选派学生作为"小堇灵"前往宁波市恩美福利院开展内务整理、好书分享、体育锻炼等活动，促进学生在各类公益活动中实现"三好习惯"的内化吸收与外化传递。

2. "红领堇"微调查活动

学校将"三好习惯"教育贯穿于各项社会综合实践活动之中，引导学生通过观察、记录、概括、表达等一系列完整的调查活动，达成对良好行为习惯的自主探究，如"美食街光盘行动调查""共享单车维护情况调查""社区垃圾分类情况调查"等，都是我们开展过的有效的微调查活动探索。

三、新激励：探索过程化的习惯教育评价模式

具身德育强调德育自身化，即反观自我，将个体自身放入德育过程中，将道德教育的要求转化为对自我的规约与要求，考评激励是引导学生养成良好习惯必不可少的环节和强化手段。多年的习惯教育实践，让我们充分认识到：评价不仅是手段，更是教育理念、教育环境和教育文化的集中体现。

结合学校"尊重关注每一个，多元发展每一个，好习惯滋润每一个"的办学理念，我们将质性评价与量化评价、表现性评价与终结性评价结合起来，形成了一套以"币、章、护照"为载体的好习惯评价体系。

多年来，我校以长远的眼光和平和的心态看待养成教育，坚持在教育的全过程中实施，并且注重唤醒学生的习惯意识，引导其主动践行和内化。在培育学生优良行为习惯的道路上，我们将继续向着更高、更好的目标迈进，让好习惯真正成为滋养孩子一生的强大能量。

第二节　生态浸润：德育课程体系的实践转型

少年儿童正处在价值观形成和确立的时期，为他们"扣好人生的第一粒扣子"，打牢"德"之根基，是德育工作的根本要义。实施基于"大德育""全课程"的德育课程一体化，是学校教育的落脚点，也是突破点。近年来，莒山小学围绕"品质教育"价值理念，不断探索实施德育课程一体化的方法，把学科育人落到实处，积极实现文化育人、实践育人，增强德育工作的实效性和针对性，培养德智体全面发展的一

代新人。

要真正实现学科育人，不能只依靠少数学科或者几堂课，而必须在每一科课程中都要落实德育目标。致力于构建校内外结合、多学科整合、多领域融合，面向全体、适合每名学生成长的德育实践课程已成为我校师生的共识和行动。我们确立了"课程是德育的核心，全员参与是课程实施的保障"的构建思路，构建以校园文化建设为核心的环境浸润、以社会实践为主题活动的行为浸润、以榜样作用为基本内容的理念浸润、以常规活动为主要途径的过程浸润、以家校合作为主要方式的共同体浸润模式体系，从这五个维度构建形成闭合的德育浸润课程体系，进而达到德育效果的完美呈现。

培养小学生自立自强意识是素质教育的一个重要课题。然而，在计划生育政策和应试教育的双重背景下，小学生的自立自强意识趋于淡薄，这势必影响到小学生的健康成长与成才、学校素质教育的顺利推进和未来中国人力资本的积累，进而影响社会的可持续发展。21世纪的竞争是人才的竞争，少年强则国强。少年是否拥有自立自强这一意识，能否肩负时代的使命和责任对个人、国家和民族有着非常重要的意义。十岁是孩子从童年走入少年的一个分界点，此时强化小学生自立自强意识培养显得尤为重要。

"两礼两季"课程是我校建设高品质学校，在德育课程设计和开发上的成功探索案例。建校以来，我们坚持生活化德育课程理念，以德育导师制为依托，以项目研究推动学校德育课程建设，开发了"十岁成长礼"德育课程，通过设计一系列活动与任务将自立自强意识的浸润培养日常化、活动化和具体化。我们从精神、能力、信念、习惯四个维度培养孩子的自立自强意识，构建一套全程、全面、全方位的浸润教育养成体系，助力孩子终生成长。

一、观、评、荐——电影放送中感知"自立自强精神"

学校拓展德育途径，将影片观看作为成长礼活动篇章之一。引导学生在成长电影观看中感知自立自强精神，并有计划、有步骤地组织学生结合主题展开议一议、荐一荐等不同形式的活动，将影片影响引向深处，让学生更深地感知自立自强精神。

（1）影片观看感受"自立自强精神"

好的影片能够触动学生的内心，引发学生的思考。我们选取《摔跤吧，爸爸》和《风雨哈佛路》这两部电影作为成长礼的开篇电影。影片《摔跤吧，爸爸》讲述了两位印度女孩通过自身努力，排除外界偏见，最终成长为世界摔跤冠军的故事。《风雨哈佛路》讲述了女主人公经历人生的万般艰辛，用执着的信念和顽强的毅力改变自己的人生轨迹，最终圆梦最高等学府的故事。这两部催人奋进的影片都改编自现实生活中的真人真事，极具感染力。观看影片的过程中，孩子们几度热泪盈眶。电影主人公的自立自强精神深深地感染着每一位孩子。

（2）影片评论明晰"自立自强精神"

除了观看影片，更重要的是引导孩子们对"自立自强"精神产生深刻的认识。观影后，我们随即组织学生撰写影评，并引导孩子们从这两个方面展开思考——你从电影中学到了什么？主人公身上的什么品质最能打动你？两部催人奋进的电影让孩子们感触颇深，孩子们饶有兴趣地撰写影评。有孩子写道："身处逆境，更要自立自强。主人公不甘于现状，克服一切困难努力向上的自强品质最能打动我。"老师也会和孩子们分享自己对自立自强精神的认识：它体现的是一个人不依赖于他人、不安于现状而勤奋与进取，是一种良好的品质、一种可贵的精神。通过影片评论和相互交流，孩子们对自立自强精神有了深入的认识。

（3）好片推荐赞扬"自立自强精神"

通过观看和讨论影片，学生对自立自强精神这一抽象的概念有了形象化的感知。为了让孩子们对自立自强精神有更好的理解和辨识，我们组织学生以团队合作的形式查找并推荐此类传达自立自强精神的影片，并为影片做海报。孩子们推荐了很多能够展现自立自强精神的影片，如《当幸福来敲门》《看见天堂》《阿甘正传》等，海报上满是孩子们对自立自强精神的理解和赞扬。

二、照、补、录——小鬼当家中体验"自立自强行为"

十岁是一个新的起点，这不仅仅是指年龄的数字由一位变为两位，更重要的是象征着孩子由童年迈入少年，之后要学会自立自强，不再依赖父母长辈。影片放送感知自立自强精神后，学校策划了成长礼第二篇章——小鬼当家。通过组织学生参与"能事"对照、"能事"补做、合作互评三个活动，让学生在实践中培养"自立能力"。

（1）菜单对照自省"自立自强行为"

为了培养孩子的自立能力，学校制定了小鬼能及之事调查表，希望在了解孩子们自理能力的基础上，能有针对性地锻炼孩子自立自强行为。表格包含了生活六能事和学习六能事两个部分内容。学生根据自己的实际情况进行填表，会做的打星，做得不够好的画圆，不会做的打叉。通过能及之事表格的摸底调查，孩子们对自己的自立能力有了具体化和细节化的认识。反观自身，孩子们发现自立能力的欠缺，并明了通过哪些方面可以弥补自身的不足。

（2）能事补做践行"自立自强行为"

为了帮助学生弥补自身不足，我们设计了小鬼当家周活动。十岁成长礼仪式日的前一周为小鬼当家周。在这一周，根据之前的能及之事对照表，学生选择一件做得不够好的生活能事，和一件做得不够好的学习能事来历练自己，并用文字记录下来。家长每天给予生活能事的评定，教师每天给予学习能事的评定。在弥补不足的过程中，孩子们逐渐成为一名自立自强的好少年。

（3）合作记录互评"自立自强行为"

为了提高学生的积极性，为了孩子之间能够相互学习、相互促进，我们举行了小鬼当家团队公益实践评比活动。孩子们以小组为团队参与书店整理图书、医院引导员、车站引导员实践活动，并根据参赛要求，以照片、文字的方式记录自己的周末实践活动。孩子们的活动记录以海报的方式张贴在班级报中，在观看海报过程中，同学们相互学习、相互促进，并为自己心目中的最佳实践小组投票，接着年级段将推选出的班级最佳公益团队的材料公布在长廊上，由年级段的孩子在评选栏上为心目中最佳的团队点赞，收到点赞最多的团队当选年级段最佳小鬼。孩子们在互评的过程中相互学习。

表3-4　小鬼当家团队公益实践活动记录表

主题活动目的	为他人做一件力所能及的事情，做有担当、有责任的董小好少年。
活动成员（小组）	403班向日葵小组
活动内容记录	时间：2017年12月23日 地点：鄞州书城 成员：许开益　钟晨天　马一菡　王若涵 开展的内容：整理书架上的书本，将书本归类；引导顾客，帮助顾客找到所需书本相应的区域；提醒顾客文明看书、购书。

图 3-1　小鬼当家公益　　　图 3-2　小鬼当家公益　　　图 3-3　小鬼当家公益
　　　　实践活动　　　　　　　　　实践活动　　　　　　　　　实践活动

三、诵、阅、航——仪式定格中内化"自立自强信念"

十岁是从童年走入少年，是蹒跚学步的终点，是迈向未来的新起点。在这样一个具有特殊意义的年龄段，我们策划了隆重的成长礼仪式。孩子和家长一起出席成长礼。仪式一共有诗歌朗诵、阅读信件、梦想起航这三个活动。通过这三个活动，孩子们不断内化自强信念，在人生的一个新里程碑中做一个奋发向上、积极进取的有志少年。

（一）诗歌朗诵展现"自立自强信念"

孩子们齐聚行健馆，与自己的家长并排而坐。成长礼仪式第一个环节是诗歌朗诵。每个班级依次朗诵各自的班级成长礼诗歌。

> 十岁了，我们长高了。
>
> 十岁了，我们懂事了。
>
> 十岁了，我还有点淘气。
>
> 十岁了，我还是总犯错误。

但，请相信我们，

有你们的爱，有我们十岁的信念，

我们会一天天长大，

一天天懂事，一天天博大。

十年后，让你们为我们骄傲……

会场此起彼伏地回荡着一首首对师长充满感恩之情，对未来踌躇满志的诗歌，在这样一个庄严而又激动的时刻，孩子们对成长的感悟更深了，对自己的要求更高了，孩子们明白今天的我们已尝试独立、学会担当，并将走向自强之路。

（二）信件阅读铭记"自立自强信念"

每一位爸爸妈妈都对自己的孩子寄予了殷切的希望，希望孩子勇敢坚强地去追寻梦想。在十岁成长礼仪式这个特殊的时刻，学校设计了信

图3-4 信件阅读

件阅读环节——阅读爸爸妈妈给自己写的一份信。仪式之前，爸爸妈妈接到学校的通知给孩子写一份十岁成长礼寄语，并为孩子准备一份成长礼物。寄语中是父母对养育儿女的点滴回顾，是对儿女现阶段成长的感悟，是对儿女未来的殷切希望。在十岁成长礼现场孩子们开启信件，爸爸妈妈的字字箴言触动了孩子的心灵。孩子们不禁流下激动的泪水，与父母深情相拥。在这个特殊的时刻孩子们定会铭记自强信念，用勤奋和汗水书写灿烂的人生。

（三）梦想起航秉承"自立自强信念"

为了将父母的期许和自身的主观能动性更好地结合，在信件阅读环节之后我们设计了放飞梦想的活动。成长礼仪式前一天，学校给每一位孩子准备了一张彩色信纸，并让孩子们给未来的自己写一封信。孩子们郑重其事地写下对未来的期许。在《我要飞得更高》的歌声中，班级里的孩子站成一排，一齐放飞手中的纸飞机，并大声喊出自己的梦想。五颜六色的纸飞机在空中划出一道优美的弧线，犹如孩子们即将开启的新的人生征程。相信通过这一仪式性的时刻，孩子们会秉承自强的信念，去追寻自己的梦想。

四、评、引、行——护照通行中固化"自立自强习惯"

在感知精神、体验行动、内化信念之后，就要让自立自强变成一种习惯，根据21天养成习惯的定律，我们制定了成长护照。通过多方评定、导师引导、周周通行三个方面来及时评价、引导和激励孩子的行为和表现。通过21天的努力，孩子们有了明显的进步，逐渐养成了自立自强的习惯。

（一）多方评定反馈“自立自强习惯”

成长护照记录着学生每日自立自强习惯养成情况，由自评、同学评、导师评、家长评构成。成长护照中，自立自强习惯包括生活六要素和学习六要素，这十二要素基本包含了孩子生活中要独立做的事情和学习中要自强做的事情。孩子表现优秀的，打三颗星；表现良好的，打两颗星；表现一般的，打一颗星。

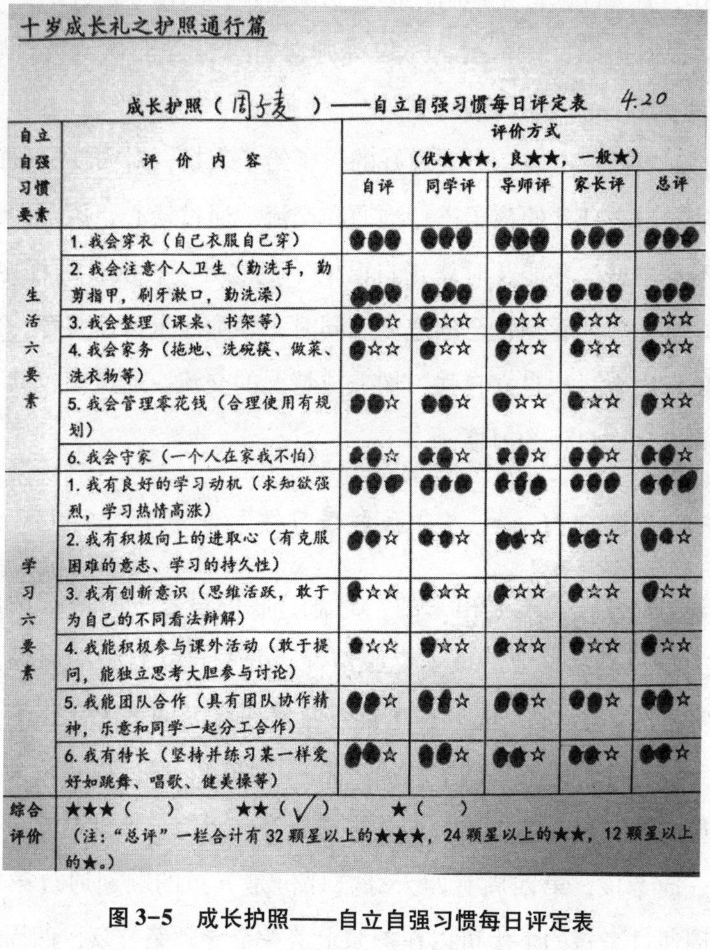

十岁成长礼之护照通行篇

成长护照（周子麦　）——自立自强习惯每日评定表　4.20

自立自强习惯要素	评价内容	评价方式（优★★★，良★★，一般★）				
		自评	同学评	导师评	家长评	总评
生活六要素	1. 我会穿衣（自己衣服自己穿）	●●●	●●●	●●●	●●●	●●●
	2. 我会注意个人卫生（勤洗手，勤剪指甲，刷牙漱口，勤洗澡）	●●●	●●●	●●●	●●●	●●●
	3. 我会整理（课桌、书架等）	●●☆	●☆☆	●☆☆	●☆☆	●☆☆
	4. 我会家务（拖地、洗碗筷、做菜、洗衣物等）	●☆☆	●☆☆	●☆☆	●☆☆	●☆☆
	5. 我会管理零花钱（合理使用有规划）	●●☆	●●☆	●☆☆	●☆☆	●☆☆
	6. 我会守家（一个人在家我不怕）	●●☆	●●☆	●●☆	●●☆	●●☆
学习六要素	1. 我有良好的学习动机（求知欲强烈，学习热情高涨）	●●●	●●●	●●●	●●●	●●●
	2. 我有积极向上的进取心（有克服困难的意志、学习的持久性）	●●☆	●●☆	●●☆	●●☆	●●☆
	3. 我有创新意识（思维活跃，敢于为自己的不同看法辩解）	●☆☆	●☆☆	●☆☆	●☆☆	●☆☆
	4. 我能积极参与课外活动（敢于提问，能独立思考大胆参与讨论）	●☆☆	●☆☆	●☆☆	●☆☆	●☆☆
	5. 我能团队合作（具有团队协作精神，乐意和同学一起分工合作）	●●☆	●●☆	●●☆	●●☆	●●☆
	6. 我有特长（坚持并练习某一样爱好如跳舞、唱歌、健美操等）	●●☆	●●☆	●●☆	●●☆	●●☆
综合评价	★★★（　）　★★（√）　★（　） （注：“总评”一栏合计有32颗星以上的★★★，24颗星以上的★★，12颗星以上的★。）					

图 3-5　成长护照——自立自强习惯每日评定表

结合自评、同学评、导师评和家长评，"总评"一栏合计有 32 颗星以上的为优，24 颗星以上的为良，12 颗星以上的为一般。通过每日定时记录，成长护照真实地反映和记录了学生的习惯养成情况，见图3-2。看到习惯评定表，孩子们一目了然地知晓自己生活自立自强六要素和学习自立自强六要素的养成情况。

(二) 师长引导修正"自立自强习惯"

董山小学实行德育导师制，每班三位导师，三位导师分别引导十五位孩子，根据护照反馈情况，每位导师对自己引导的孩子进行跟踪反馈。在 21 天自立自强习惯养成周中，导师每天中午组织学生开展德育小组活动，根据评定表，对表现好的孩子给予表扬，对表现一般的孩子给予鼓励，与表现差的孩子进行沟通和交流。通过谈心，孩子们认识了自己的不足之处，并能及时修正自己的不足之处。在次日的评定表中，孩子能立竿见影地看到自己的进步。同时，导师注重家校共育，保证与学生家长每周有一次自立自强习惯养成情况的交流。通过家校共育，帮助孩子养成自立自强的习惯。

(三) 周周通行养成"自立自强习惯"

本着"好孩子是奖励出来的"理念，我们设置了"成长护照周周通行"的激励机制，帮助孩子克服惰性，养成自立自强的习惯。在成长护照实行的 20 天中，根据自立自强习惯评定表的情况，孩子们第一周有一天综合评价是五星的顺利通过第一周考核，第二周有两天综合评价是五星的顺利通过第二周考核，第三周有三天综合评价是五星的顺利通过第三周考核，第四周有四天综合评价是五星的顺利通过第四周考核。每周通过考核的学生可以在护照上盖一个导师荣誉章，四周顺利通过考核的孩子可以荣获"自立自强"小标兵的称号。若有一周没有顺利通关，孩子们则不能顺利进入下周考核，考核时间将要延迟一周。孩子们非常喜欢"周周通行"的奖励机制，就像游戏通关一样，带着兴趣自觉养成"自立自强习惯"。

随着十岁成长礼活动的逐步推进，孩子们完成了一系列活动与任务。孩子们在观看、讨论和推荐传达自立自强精神的电影中感知"自立自强精神"；孩子们通过反省、践行和互评，在小鬼当家实践周中体验"自立自强行为"；孩子们在极具仪式感的诗歌朗诵、信件阅读、放飞飞机的仪式活动中内化了"自立自强信念"；孩子们在护照"周周通行"中固化"自立自强习惯"。成长礼活动不同阶段的任务有效地培养了孩子的自立自强意识。

第三节 润德于行：德育活动体系的范式创新

高品质的德育体现在对育人的整体品质的追求和对个体自主发展的尊重上。堇山小学创办以来，全体教师都深入班级任德育导师，开启了全员德育的实践之行。以"全员德育导师制"为保障，全员育人、全程育人、全面育人，全方位关注并教育学生学习、生活、行为三大方面；构建序列化、规范化、制度化的德育导师制工作框架，视培育学生最基本的行为规范、道德品质和心理素质为核心任务；构建生命成长的德育奠基工程，为学生描绘优良品德的浓重底色。

在德育导师制实施的过程中，有一个重要的教育载体，那就是特色德育小组（班）活动的开展。"德育小组（班）"是指在学生入学前，导师们根据学生的个性、心理、品德的情况，形成的若干个"男女平衡、特长平衡、地段平衡"的小组。对于小组内的十五六名学生，每位导师还要重点关注他们日常的学习、生活情况，与学生谈心，及时同家长取得联系，并把情况记录到导师手册中。三位导师在品德和心理等方面为各自"承包"的学生提供全方位、个性化的指导和帮助。

多年来的摸索和实践，我们开发了许多富有特色的德育小组（班）活动方式。德育小组（班）活动有计划、有记录、有反馈，形成一套完整的实施与操作体系，现例举"三面六点式"德育活动范式。

一、活动策划懂人心

（一）策划"针对性"活动方案

走进孩子的心灵，能发现一个全新的美好世界，孩子的真实想法通常掩藏在事情的表面下。只有深入了解他们的想法、需求，有针对性地对他们进行引导，才能使德育活动切合他们的心理特点、认知特点，促使他们主动积极地参与。如果导师精心设计的活动，学生没有兴趣，活动就达不到预期的效果，而且造成学生、老师的负担，因此，要想在活动中提升小组凝聚力，有针对性地设计活动是关键。

根据实验研究，在小组初建、发展过程中，根据各个阶段学生的不同心理，有针对性地设计活动，以活动促小组发展。

表3-5　小组"针对性"活动

活动类型	活动内容列举	活动意义	活动掠影
破冰热身型	猜猜我是谁 抱团打天下 扮怪兽	有助于组员在短时间内彼此拉近心理距离，从而形成开放、接纳的心理氛围。	

续表

活动类型	活动内容列举	活动意义	活动掠影
导师 指导型	有困难找老师 知心姐姐 我们在一起	沟通从心开始，导师尽可能深入交接每个孩子的精神世界，为小组活动顺利开展保驾护航。	
组规 保障型	组规设计图比赛 畅所欲言促进步 我的小组我做主	各组制定组规，从制度上保障小组之间活动的顺利开展，为后续的小组合作开展提供有力保障。	
表演 提升型	我型我秀 小组 cosplay 风火轮	增强组员对小组的向心力，以及小组成员之间的相互吸引，从而增强团队凝聚力。	
榜样 引领型	经验介绍 亮出你的优点 优秀组员展示窗	展示或表扬优秀组员，推广先进经验，运用榜样组员的立场、观点、方法来认识问题，指导支配自身的言行。	

（二）构建"发散式"活动框架

"发散式"活动框架以小组建设为目标，以策划的活动为载体，呈现"发散式"活动框架。从球形动力学角度来看，围绕提升凝聚力为核心素养的培养指向，我们将核心活动细化为6个主题，将外围活动与核心活动结合，每个指标都落实到具体活动，在德育小组中有序开展。在发散式小组活动框架中要做到活动形式与内容相结合。

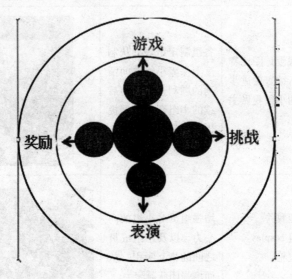

图 3-6 发散式活动框架

常规德育小组活动的设计既注重形式的多样性、新颖性、开放性，力求从校内走向校外，同时又能够把健康向上的内容和尽可能完美的形式结合起来，使常规活动常开常新，多姿多彩。

如"行为规范""安全教育""感恩"等常规活动，通过主题班会、黑板报等落实。我们注重特色活动的举办，如"德育小组导师谈心""家长助教""小组演讲比赛""春季实践活动"等，使外围活动落到实处，办出特色。

图 3-7 家长助教 图 3-8 春游梁祝文化园

二、活动内容聚人心

在德育导师制理论指导下，德育活动在提升小组凝聚力中占有非常突出的位置。德育活动以活动为载体，形式丰富多彩，它引导着学生更加健康地成长。

（一）核心活动，常抓不懈

立足学校三大习惯素养细化目标，确立学习、生活、行为三个层面的德育活动体系，并细化为 6 个教育主题落实在学生平时的学习生活中。这 6 个主题教育活动为提升小组凝聚力的核心活动，这些都属于常规性活动的范畴。具体的核心活动方案设计如表 3-6。

表3-6 6个主题教育活动方案设计

核心活动	组员要求
安全教育	能积极认真地参加法制教育活动、防震减灾演习、防火逃生演习,参加交通安全、游泳安全、节假日安全等活动,以小组活动形式树立安全意识,具有自我保护意识和技能。
节日文化	节日文化分为传统节日文化和阳历节日文化,在节日里,组员可以设计活动,积极主动参与活动。
实践体验	能独立完成自己力所能及的事,积极参与学雷锋系列活动、春游活动、秋季社会实践、环保宣传等系列实践活动,成为一个合格的小公民。
家长助教	主动积极邀请爸爸、妈妈来助教,能配合其他助教家长完成任务。
班级事务	积极主动参与班级事务管理和劳动,不怕脏,不怕累,以班级事务为己任,成为班级的小主人。
师生相处	乐于与人交往,能理解别人,有包容心,待人处事有礼貌、讲文明、有修养,学会倾听、交谈、赞美和感谢四项礼仪基本技能。

以中国传统节日文化为主题的德育活动,形式多样,内容丰富。在活动中,以传统文化传承为抓手,以小组活动为合作形式,既加强学生的传统文化教育,又增强了学生的团队意识。

图3-9 过元宵节 图3-10 立夏学编蛋套

图 3-11　端午节包粽子

核心活动对每个组员都提出了要求，以此为活动契机，不仅给班级提供了开展活动的思路，也给学生以启迪、领悟、成长。让他们在核心活动中体验，在体验过程中得到锻炼，并在合适的机会中表现出来。

（二）外围活动，润物无声

导师在注重对有成效的原有德育核心活动的继承基础上，不断开展反映时代特征和学生发展需求的德育活动，以宏观的结构框架来统合零散的德育活动，设计了具有"趣味性"的外围特色活动。

1. 游戏中体验

游戏是学生喜闻乐见的活动形式，在系列化的游戏活动中，学生追求成功的向心力，可以促使学生共同心愿的达成，可以规范学生共同行为的产生，无形之中小组的凝聚力、向心力将逐渐形成。

如开展"踩小船，同舟共济"游戏，以小组为代表，每组半张报纸，行健馆的击剑区域代表滔滔的海面，报纸代表一艘小船，小组成员一起被困在小岛上了，只有这艘小船才能让他们逃离危险。要求是组员的脚不能下海，只要一只脚碰到地面就失败。全班只有蒲公英小组团结一心，每人不挤不急，单脚站立合抱在一起，取得了成功。活动结束，我让孩子们谈谈感受，大家都谈到了团结、冷静、无私的品质，说明孩子们在活动中已有所体验，在感悟中班级凝聚力得到提升，这也是本次活动要达到的目的。

2. 表演中明理

苏霍姆林斯基曾说按照小学生的心理特点，一旦将其归入某个小组，只要没有太大的冲突产生，他们都会乐意为这个小组尽自己最大的力量，因此，每个小组成员内心都有着为小组出力的强烈欲望。在表演中，调动起他们的参与积极性，激发起学生为节目努力的内在情感。

例1：小组堇秀舞台表演

每次轮到堇秀舞台的表演时，导师安排以小组为单位参加堇秀舞台的表演，每个组"八仙过海——各显神通"，他们自己找材料，排节目，每个组员参与其中，各种乐器、舞蹈、歌唱、小品等节目精彩纷呈。

图3-12　胜利小组葫芦丝表演

图 3-13 环保宣传

例 2："走进红楼梦"活动

班级开展"走进红楼梦"活动要求各小组自己排练名著中的一个片段。小组内语文功底好的孩子写剧本，善于统筹安排的当导演，能根据每个组员的特点选择不同的角色。

图 3-14 "走进红楼梦"活动

每一次的彩排、表演，让学生体验了扮演不同角色的艰辛，在一次次交流，一次次磨合中，体会到了小组成员之间合作的重要性，提升了小组凝聚力。

3. 挑战中促进

小组挑战赛是一个多边互动的过程。内部精诚合作，小组之间紧张对擂，这最能激发组员的团队意识，在挑战中活动变得刺激而精彩。各小组参加各类挑战活动，如"地面整洁""桌洞整齐""讲文明有礼貌""领养花草""作业质量"等。

活动案例：

挑战内容：完成课堂作业本。

挑战规则：先独立完成作业，最后每组给十分钟小组讨论、交流。挑战题在规定时间之内完成后，小组可以商量参加挑战还是弃权。如果整组作业全对则可以加 4 分，但是只要有一个组员一处出错，则挑战失败。

挑战过程：挑战开始，各小组马上谨慎认真地研究"战略"。积分很低的"阅读小组"战略为：参与挑战，"死马当活马医"，败依然是名次在后，成则有反超的机会。"胜利小组"名列第三，从小组的实际情况出发，采取的战略是"求稳"，组员们一致认为：挑战有风险，大家需谨慎。

在这没有硝烟的教室里，各组的组员们拧成一股绳，在军师的指导下，巧用战略，一致对外，力求自己的小组能打赢这次挑战赛。

通过有目的的专项训练，让成员在活动中不断提升个体能力和团队凝聚力。

4. 奖励中提升

小组合作中，组员间凝聚力的培养与提升，不是一蹴而就的简单过程。组员的幸福指数，一方面是来自小组合作过程中的愉快，另一方面是得到同伴和老师的肯定。组员对于追求成功的原动力，主要来源于肯定与鼓励。

图3-15 校长为每月评选出的"董秀小组"颁发奖状

图3-16 月冠军小组与导师共进晚餐

图 3-17 学期冠军与导师快乐出游

三、活动评价激人心

评价是德育小组活动不可缺少的一环。小组捆绑式评价学生，把学生个人利益与集体利益捆绑，对于增强学生之间的协作精神，激发集体荣誉感、责任感有积极作用。"捆绑评价"的目的是激发学生的竞争意识，培养学生的合作精神，在竞争中发挥每位学生的优势，形成"一花独放不是春，百花齐放春满园"的互帮互助的局面。让每一位同学都能在这样的评价中发展、成长。将学生的行为习惯、学习素养、生活习惯等各方面都列入评价范围，以达到评价的多样性。

（一）细化评分标准

结合每个小组成员对自己的不同发展需求，教师制定出了适合大多数学生的评价细则，具体分为三大类：学习习惯、行为习惯、生活习惯，并明确规定了各项习惯的加分细则和扣分细则。

表 3-7　习惯评价细则

评价内容（常规习惯）		小组得分
学习习惯	积极表达	完成常规的小组评价项目，每组每项每人次可得 1 分；没有完成的组员不加分。 有特殊贡献或表现特别优异的组员，可为小组额外加分，分值根据表现而定。
	认真倾听	
	坐姿端正	
	完成作业	
	大声诵读	
行为习惯	按时上学	
	就餐光盘	
	认真值日	
	眼操课间操	
	垃圾分类	
生活习惯	食不语	
	主动问好	
	团结友爱	
	节约粮食	

（二）呈现评价过程

在德育活动评价过程中，以小组合作为平台，以评价量表为工具，以公平为主线，采用如同测试一样的积分方式，刺激各小组在整体与个体之间形成有效的合作模式。由于小组互赖关系，评价的过程成为学生互相学习、互相监督、互相促进、自我改正的过程。

1. 组内互评

表 3-8　小组评价表

活动内容：＿＿＿＿＿＿＿＿＿活动时间：＿＿＿＿＿＿＿＿＿（组评表）

组员姓名	成员表现						合计总分
	参与意识	参与度	明确个人职责、角色	倾听他人	尊重他人	为组提供帮助	

说明：很好=5分　好=4分　　不太好=2—3分　　不好=1分

参与度，指参与次数的多少。

小组明确调查表的作用意义之后，让学生参与小组德育活动时，能结合调查反馈表的实际要求，扎实开展德育小组活动，活动结束，各成员进行自评、互评，及时查找组员不足之处。

2. 教师评价

以小组为单位，任课教师以三大习惯为评价依据，根据组员课堂、平时的表现量化给出该组所得分数，填写在"日表现"一栏，根据小组评价量化表评价结果，每天进行刷新，汇总到"周表现"一栏，一周的总积分就是周积分，每四周积分总和计入"月表现"一栏，学期结束，"月表现"得分最高小组为学期冠军小组。

表 3-9　小组评价量表

小组名称	小组日表现	小组周表现	小组月表现
星光小组			
……			
胜利小组			

图 3-18　评价表

图 3-19　教师根据学生表现评价

"三面六点式"的德育小组活动范式实践探索，突破了传统的小组活动模式，成为德育小组开展的有效载体，它使活动有实例、有实践、有实效。班级较其他平行班总体呈现出更积极、更乐观、更团结的班风班貌。

第四节 合作共长：德育组织形式的自主建构

班级是学校教育中最基本的组织形式，在新课程改革日益推进的今天，积极探索新的班级管理模式，已成为全面提高学校教育质量的当务之急。小组合作在当下课堂教学中普遍采用，但具体落实到学校德育建设、班集体建设上则鲜有耳闻。我校在德育管理上推行同伴互助的小组合作德育模式，让学生自由、充分地在同伴互助合作活动中锻炼，使学生之间能够互相帮助、彼此支持和共同成长。让同伴小组德育成就孩子们的精彩。

我校基于同伴互助的小组合作德育模式是基于班级、学生现状，在尊重学生意愿的基础上，在全班师生共同参与下，把班级分成若干个小组，学生通过小组形式参加学习、活动和班级管理，共同完成学习和管理任务，实现发展目标的一种班级管理模式。这是基于尊重学生、依靠学生、发挥学生的主体地位的前提，着眼于实现学生自主管理、自我发展的班级管理模式的创新。下面详细介绍"共长式"小组建设的做法。

"共长式"小组建设是内生于学生发展需求的一条有效途径。它不同于一般的小组合作，以实现班级整体奋斗目标和促进学生个人内需发展为宗旨，由师生共同商议，制订出活动主题和活动内容，以四人小组为单位，小组成员之间协作互助，有组织、有安排地进行活动。目的是培养学生的自主意识、竞争意识和合作能力，更能在活动中渗透对学生综合素质的培养，进而提升班级管理水平。

一、"小家"搭起合作桥梁，助学生自我定位

在独生子女为主力军的班级里，多数孩子都习惯以自我为中心，这并不利于学生之间的交流与合作。为了让他们适应集体生活，融入小组团队建设，班级导师需要营造一个和谐共处的环境。

(一)"家庭会议"——营造家的氛围

在班级当中，以家的形式，老师与学生一起商议，给学生平等的、自由表达的机会，学生是主体，教师只是起到引导和串联的作用，激发学生表达。通过师生间的畅谈，学生树立"同学像兄弟姐妹，大家是互帮互助的一家人"的意识。家庭会议为学生的交往营造了家庭的氛围，为小组建设架起了一座情感沟通的桥梁。

(二) 小家"诞生"——奠定合作基础

班级"家氛围"的营造是为小组成员划分做的前期准备，由"大家庭"派生出"小家"，令学生更快融入新团队。按照就近原则，同桌前后的四个学生被分到同一个小组，小组成员第一次合作就是给自己的小组取一个独特而有意义的名字，于是一个个别具特色的"小团队"就诞生了：彩虹小组、闪电小组、梦想小组……每个小组还给自己的小组定了发展目标，通过喊口号的形式互相激励。比如："彩虹彩虹，五彩缤纷，放飞梦想！""胜利，胜利，勇往直前！""先锋先锋，永争第一！"大家用喊口号的形式互相加油打气，朝着共同目标而努力。

（三）个人自我分析——找到发展定位

小组目标的确立令小组成员们心往一处想，也促使每个孩子对自身进行剖析，了解自身存在的优缺点，从而确立发展目标。班队活动课上，每个小组自行设计形状不一的小卡片，作为本组的 LOGO。小组成员在小卡片上写下自己在学习、生活和行为方面的优势和不足之处。纵观这些小卡片可以发现，有些孩子对自己的生活习惯很有自信，比如能把桌洞整理干净，有些孩子认为自己的文明习惯做得比较好，能主动和老师打招呼。而有些孩子在审视自身不足之处的时候，认为自己上课时举手不够积极，做作业不够及时，有的孩子觉得自己中午吃饭时没有做到"光盘"，需要改进。

以小组为单位，分析自身优势与不足，并与其他组员进行对比的过程中，发现别人身上值得自己学习的优点，取长补短，从而确立了自己的发展目标。

二、"主题式"小组活动，促学生内需发展

结合学生对自我发展的需求，教师将培养目标放在各种"主题式"活动中，增加学生情感体验和实践参与的机会，从而促进学生能力或素质方面的内需发展。

（一）"亲近经典"共读活动

1. 好书推荐

根据学生的学段特点，教师甄选一些利于学生心灵成长的经典书籍，并制作成了一个学期的阅读书单，供孩子们共读鉴赏。九月《亲爱的汉修先生》、十月《绿野仙踪》、十一月《时代广场的蟋蟀》、十二

月《随风而来的玛丽阿姨》、一月《魔法师的帽子》、二月《长袜子皮皮》、三月《格林童话》。这些书籍涵盖了小学生必备的友善、诚信、奋进、文明等优秀道德品质。

2. 共读流程

（1）班级建立"一千零一夜"微信共读群；

（2）每天晚上，学生上传朗读语音至微信群里；

（3）课前三分钟，按学号轮流分享朗读片段；

（4）每月一次阅读沙龙，共同交流阅读感受；

（5）迎新年文艺汇演时，选择经典剧本，进行角色表演。

3. 活动成效

通过"亲近经典"共读活动，孩子们仿佛与书中品德高尚的人们对话，心灵上受到滋养，良好的品质在潜移默化中萌生发芽。在与同学交流的过程中，思想上产生碰撞，修正是非观念，树立了正确的人生观和道德观。将经典书籍改编成文艺汇演的演出剧本，让孩子们走进了童话世界，激发了浓厚的兴趣。共读活动让阅读成为学生每日生活的一部分，让经典书籍伴随着心灵成长。

图3-20 四人小组共读好书

图3-21 小组分享阅读感受

案例分享:

阅读沙龙上,风暴小组的成员把各自阅读《柳林风声》的感受写在《阅读记录册》中,并轮流读给组员们。风暴小组这样写道:朋友之间应该互相帮助,和谐相处,彼此关爱,让友谊更长久。

(二)"协作互助"义卖活动

"三个臭皮匠,顶个诸葛亮。"一年一次的"义卖活动"是学生协作互助的平台。教师充分相信孩子,放手让孩子们自己策划活动方案,就是给他们创造了锻炼能力的机会。

1. 活动策划

小组成员共同商量活动方案,内容涉及工作的分配、商品的售价、金额的汇总和场地的布置等方面。随后,组员们一起制定《商品销售登记表》,把各自带来的商品的名称、价格一一对应登记在表格里。活动方案的设计为义卖活动的顺利开展做好了前期的准备工作。

2. 分工合作

义卖这一天,十二个小组轮番上场。各部门分工合作,协调有序。两位售货员负责卖东西,一位收银员负责收钱和找钱,另一位统计员负责把收来的钱登记在表格中。有的小组前期筹备充分,因此很快就把商品卖完了;也有的小组遇到了困难:东西卖不出去。怎么办呢?经过商量,他们想出了"买一赠一"的促销方式以吸引顾客。果然,这个办法让他们的商品很快被抢购一空。

3. 活动收获

义卖活动结束了,孩子们在日记中写下了当天义卖的收获。贺淑薇写道:通过这次义卖,我懂得了一个道理,只要齐心协力,一定能成功。沈依晨写道:我认识到同学之间要相互帮助,相互合作,学习怎样与人沟通。陆腾皓写道：义卖活动让我明白了买和卖的关系，锻炼了计算能力，还让我学会了如何组织好活动。

（三）"社会公益"实践活动

新一轮基础教育课程改革提出了一个核心任务——培养学生的社会责任感、实践能力和创新能力，要求进一步促进人才培养模式的变革，强调引导学生去关注社会和自然，关注自己的成长。

1. 播种：让公益理念植入孩子内心

善良是人生的底色。善的教育，绝非口头说教能给予学生，也不仅停留于儿童文学作品的熏陶感染，更要辅助以行动实践。小学阶段是人生的起步期，也是生命发展的关键期。公益就像一个种子，播种在儿童的心中。教师通过让学生看公益宣传片和新闻报道来了解什么是公益。用小组合作交流的形式说说公益行为还有哪些。学生反馈：看望孤寡老人，成为图书馆志愿者，做一天城市美容师等行为都是做公益。

2. 践行：在活动中体验公益的快乐

社会公益实践活动是利用假期业余时间，以小组为单位组织安排的活动。班级分为十二个红领巾小分队，每个小组有一位牵头的组长，负责召集人员，组员们建立讨论组，共同商讨公益活动的任务和地点。从每个小组反馈上来的活动资料来看，公益活动大致分为两大类：劳动性公益活动和情感性公益活动。

案例分享：

劳动性公益活动：

镜头一：智慧小组成员们来到街道，擦洗公共自行车；

镜头二：胜利小组成员们来到新华书店，帮助店员整理书籍；

镜头三：飞扬小组成员们来到社区楼道口，清除广告纸。

情感性公益活动：

镜头一：先锋小组成员们来到敬老院探望老人，并送去水果；

镜头二：激情小组成员们来到海防营给海军叔叔送去红领巾和祝福；

镜头三：闪电小组成员们写信给贫困山区的孩子们，鼓励他们好好学习。

3. 收获：在实践中锻炼成长

活动结束，每个小组将活动照片发到班级群相册里，记录下这次难忘的经历，并把活动感言写在了班级日志中，有的孩子写道："一个人做一件好事并不难，难的是一辈子做好事。"通过社会公益实践活动，孩子们在实践中锻炼成长，在今后的成长过程中，时刻记得奉献爱心，帮扶他人，传递正能量。

图3-22　看望敬老院的老人

图 3-23　擦洗公共自行车

三、"共长式"小组评价，利学生实现自我

（一）"三位一体"评价细则——知行合一

马斯洛需求层次理论提出："自我实现的需要是指实现个人理想、抱负，发挥个人的能力到最大限度。"每一个孩子都希望自己能养成好习惯，并受到他人更多的关注，这就是孩子们对自我实现的需求。结合每个小组成员对自己的不同发展需求，教师制定出了适合大多数学生的"三位一体"评价细则，具体分为三大类：学习习惯、行为习惯、生活习惯，并明确规定了各项习惯的加分细则和扣分细则。评价细则即行为

规范，要求每个孩子三思而后行，达到知行合一。

（二）组员"互查式"评价——双向共赢

研究证明，21 天的坚持能促使学生养成好习惯。这就需要一个行之有效的评价方法。为此，师生共同商议，设计出了"21 天好习惯养成计划表"。人人既是好习惯的执行者，也是评价者。互相评价中既看到了别人的优点，也看到了自己的不足，取长补短，最终达到了双向共赢。

小组互评满足了学生对岗位管理的需求。学习、行为、生活、餐厅四个岗位的组长，分别负责评价组员们在这个方面所需养成的好习惯。做得好的习惯加分，做得不好的习惯扣分。经过 21 天的小组合作评价，每个孩子核算出自己所得的总分，根据总分排名情况，再评选出"生活小能手""学习小达人""文明小使者"等。得到奖状的这一天，孩子们的脸上洋溢着灿烂的笑容。这些荣誉称号就是孩子们不懈努力获得成功的最好证明。

（三）小组"竞赛制"评价——荣辱与共

"竞赛制"是一种组员捆绑性评价方式，这种评价方式无疑把学生的心紧紧地拴在一起，使学生心往一处想，荣辱与共，为了共同的目标而努力。

具体地说，竞赛制就是根据学生每个月三大好习惯的积分排名情况，评选出周优胜小组、月优胜小组和学期优胜小组。胜出的小组可以得到集体奖励。比如，和老师共进下午茶、和校长合影、当队长一星期……为了得到老师的奖励，每个小组的积极性都很高。虽然同一小组中的成员能力、习惯都参差不齐，但是为了让自己的小组能处在领先地位，他们会经常召开小组会议，围在一起探讨如何能为小组挣得更多的分数，也互相看看评价表，找到小组的扣分原因，一起提醒扣分的同学，帮助他改掉坏习惯，不要再次被扣分。

第五节　童心向阳：积极心理品质的序化培养

青少年正处在价值观形成和确立的时期，为他们"扣好人生第一粒扣子"至关重要。让孩子拥有一个强健的体魄、健全的心理是学校和家长的责任，是我校"培元教育"的头等重要的教育内容和教育目标，更是建校以来我们推进高品质学校建设，打造"品质教育，学在堇山"名片的重要举措。

现代社会的发展，不仅需要个体具备广博的知识、良好的能力结构，更加需要个体具有健康的心理素质。如果把素质教育比作一个大花园，那么心理品质教育就是这个大花园中绽放的一簇美丽的花朵，它本身是素质教育的一部分，而且具有为素质教育整体服务的特殊作用。《中小学心理健康教育指导纲要》明确指出要培养学生积极心理品质，挖掘他们的心理潜能，注重预防和解决发展过程中的行为问题，这为我国现阶段的中小学心理健康教育指明了方向。所谓"积极心理品质"是指个体在先天潜能和环境教育交互作用的基础上形成的相对稳定的正向心理特质，这些心理特质影响或决定着个体思想、情感和行为方式的积极取向，继而为个体拥有幸福有成的人生奠定基础。

"培元教育"着眼于人的生命健康成长，注重学生健全的身心素质的培养，为小学生全面素质的养成，培育"发展元气"。建校以来，学校在中国教育科学研究院专家的指导下开展积极心理健康教育实验，将积极心理学的有关理念应用于教育教学中，中国积极心理健康教育创始人孟万金等一大批教授专家先后来我校指导讲学，引领我校发掘优势潜能，培育积极品质，在育人的认识转向、过程转换、路径转轨和角色转变等方面把握积极价值取向，科学建构"培元教育"的积极范式并初见成效。

几年来，我们在尊重学生原有性格特点的基础上，注重全方位发展学生兴趣与能力特长，依托孟万金教授关于积极心理健康的"六大维度十五项必备品质"指标维度，通过采取多样化、多专题、多层面的辅导策略，建构立体化的"积极心理核心品质序列化培养"实践体系。

一、校本化课程实施，强化积极心理核心品质培养

在新一轮课程改革的整体教育背景下，从学生的实际成长需求中挖掘校本化的课程资源是实现"坚持以人为本，全面实施素质教育"中国教育梦的重要途径。我校在全面开展小学生积极心理品质培养的过程中努力通过将积极心理课程校本化来为学生提供更加规范的心理成长空间。

（一）系统化主题辅导策略

将积极心理核心品质培养教育正式纳入校本课程，组织学校骨干力量，结合孟万金教授关于积极心理健康的"六大维度十五项必备品格"，共同完成《童心向阳——小学生积极心理品质主题教育读本》校本教材的编写。我们将积极心理品质培养内容确定为"知识与智慧""人际与交往""节制与谦让""恒心与毅力""公正与协调"和"境界与升华"六个主题单元，每个单元又由两到三个二级子目标组成，通过对每一个二级子目标的多维度、多层面的解读确立了两到三个三级子目标。

图 3-24　积极心理健康"六大维度"

"童心向阳"课程是一门引导学生逐渐形成阳光气质与积极心理品质特征，促进学生形成正确人生观、价值观，锻造学生中华传统美德和民族精神的课程。该课程侧重于通过对小学生积极心理核心品质的分层次解读，依托世界名人成长事例和亲近学生认知的自编小故事，使学生能够正确认识自身在成长过程中所出现或者经历的情绪、情感变化，初步懂得通过自我激励与暗示克服消极情绪的阻碍，最终能初步形成阳光、积极的核心心理品质特征，为孩子们的终身成长奠定心理基石。

在课程设置上我们每月开设一节"童心向阳"主题班会课、一节积极心理品质主题辅导课，共两个课时。由各班首席导师实施教学，课前课题组成员和授课教师集中研讨，集体备课，根据学生年级特点设计教学方式和教学内容。课程教学部把教学情况纳入每月常规检查，督察教学效果。

图3-25 童心向阳——小学生积极心理品质主题教育读本

（二）信息化双超开发策略

"双超脑动力速度技术"（Language Robust Learning，LRL）是由孟万金教授、官群教授与美国佛罗里达州立大学阅读研究中心、美国匹斯堡大学学习科学研究中心等联合研究开发的一项国家社会基金项目的高科技教育成果。双超脑动力 LRL 快速悦读技术根据超常潜能超常发挥的"双超"教育原理，采用世界前沿的脑科学研究成果和先进信息技术，通过 ARCS［Attention（注意）Relevance（关联）Confidence（信心）Satisfaction（满意）］动机模式、多元智能、脑地图、同伴互动、智力与非智力互动以及自主控制等技术手段改进阅读记忆中的注意、工作记忆、逻辑推理等信息加工的能力。

近年来，学校在孟万金教授所带领的骨干科研团队的鼎力支持下尝试借助"LRL 全脑悦读"这一国际顶级教学科研项目，深入促进我校学生的积极心理品质和高效悦读能力的发展。我们以面向全体年级开设的"脑动力心育课程"为依托，以全面结合科技专项训练的 Enjoy sharing 心理辅导模式——让心灵懂得分享的抽离式培训为重心，通过优化视觉搜索、视觉定位、视觉跟踪、视域扩张等认知手段，提升字词、意群、句段、篇章等信息吸收和加工的编码译码能力，优化眼动规律。通过人工智能、自适应、个性化方案、私人定制等技术实现因材施教、寓教于乐，并以此来强化积极心理品质培养的信息化推进力度。

图 3-26 　LRL 脑动力快速悦读教学活动合影

二、学科间教学渗透，拓宽积极心理品质培养路径

学科渗透是开展积极心理品质培养的又一重要手段。通过开展学科渗透积极心理品质教育的活动，可以为学生创设宽松和谐的课堂心理环境，激发学生积极的学习动机，培养学生良好的学习习惯。

（一）纵横化渗透辅导策略

在全面开展积极心理校本化课程化辅导的同时，我们注重发挥各科教学在积极心理品质培养中的作用，课程教学部把实现"学科积极心理品质渗透"作为各学科教学的基本任务。

例如：语文学科教学《将相和》这篇课文时，老师先引导学生针对蔺相如、廉颇的行为进行质疑、释疑。再组织学生自由设计表演课本剧。表演后，又以请他们对"廉颇""蔺相如"说点心里话为题，激励台下的"小观众"对剧中人物自由评价、各抒己见。这样，在阅读探究中，在表演活动中，在畅所欲言中，引导学生深刻理解文中两位人物的个性品质，并适时巧妙地对学生渗透知错就改、宽容大度的心理教育。

（二）专项化整合辅导策略

在进行心理品质辅导学科渗透的同时，我们积极挖掘各个学科的共同积极心育元素，尝试通过"科学与道德""数学与班队"等学科的教学整合，让积极心理品质在不同学科领域实现叠加和累积。

例如：三年级开设了每月一次的"道德与美术"整合课程，我们尝试通过借助道德与法治课程中关于小学生积极心理品质引导的相关教材内容，借助美术学科画一画的学科特点来实现学生积极心理品质的塑造。

三、体验性活动熏陶，丰富积极心理品质培养内涵

丰富多彩的校园活动文化构建有助于启发学生兴趣，发展学生特长，锻炼学生体格，陶冶学生情操，形成阳光向上的积极心理品质。为此，学校将在日常开展的社团活动课程、社会实践活动、七色花精品社团活动、阳光大课间、董秀舞台、时尚英语节、体育节、读书节、科技节等活动中全面渗透积极心理品质培养教育，使每项活动都有塑造积极

心理品质的目标要求，真正做到教育无小事，事事塑品质。

（一）节日化专题辅导策略

在传统节日文化愈来愈受到关注的当下，如何结合传统元素开展小学生的积极心理品质培养，是我们实现心理团体辅导活动的又一大胆尝试与改革。

例如：我们通过对五月初五"端午节"节日的由来以及民俗活动的深入研究，从屈原投江这个典故中提取"遇到事情需要心态豁达"的积极心理品质，将屈原与韩信两个历史上的真实人物进行对比，并举行"做人当学屈原还是韩信"的端午辩论会，让学生在活动中感悟积极心理品质的重要性。

（二）活动化游戏辅导策略

游戏活动是学生喜闻乐见的活动形式，将积极心理品质的塑造融会贯通于形式富有趣味性的游戏活动之中，是开展小组性心理引导的良好载体。

例如：我们通过体育组骨干教师与校心理辅导教师携手开课，创办校向日葵拓展社团，利用周一到周四下午3：40—4：30的放学时间开展引导活动。同学们通过"十人九足""携杯带水"等小游戏逐渐形成了团结协作、勇敢坚忍的积极心理品质。

（三）情景化任务辅导策略

真正的教育不是"告诉"，有意义的知识并非教师手把手地教给学生，而是学生在具体情境中通过活动体验而自主建构的。在开展学生积极心理品质培养过程中我们强调从学生已有的生活经验出发，让学生在具体情境中亲身经历实际问题，逐渐提炼出所存在的心理品质偏差，在进行诠释与引导的活动过程中形成积极的情感体验，在体验中完成心理品质的自主建构。

表 3-10　董山小学（第一学段）积极心理品质主题序列

心理品质 学段	认知维度：知识与智慧			情感维度：人际与交往		非己维度：节制与谦让	
	求知力	创造力	洞察力	爱心	友善	宽容	谦虚
第一学段	上课回答不紧张	我会自己独立做手工	我会观察每天的天气	我爱我的班级	我会每天对同学微笑	我会原谅"你"的不小心	考试满分我不骄傲
	意志维度：恒心与毅力		利群维度：公正与协调		超越维度：境界与升华		
	真诚	执着	帮助力	合作力	信念	幽默	
	做错事情我会不撒谎	我会今天事今天毕	我会帮助老师收本子	我愿意与小伙伴一起玩	遇到难题我不怕	同学跟我开玩笑我会不生气	

表 3-11　董山小学（第二学段）积极心理品质主题序列

心理品质 学段	认知维度：知识与智慧			情感维度：人际与交往		非己维度：节制与谦让	
	求知力	创造力	洞察力	爱心	友善	宽容	谦虚
第二学段	我知道不懂清教不丢脸	我会做值日	我会观察一种植物的生长过程	我爱我的家人	我会帮助有困难的同学	我能原谅别人的错误	我会不在同学面前说大话
	意志维度：恒心与毅力		利群维度：公正与协调		超越维度：境界与升华		
	真诚	执着	帮助力	合作力	信念	幽默	
	我能做到不嘲笑别人	我能坚持做跳绳的事情21天	我会安排一次值日	我会跟同学合作完成任务	我能尝试克服困难	我会不乱恶作剧	

表 3-12　董山小学（第三学段）积极心理品质主题序列

心理品质 学段	认知维度：知识与智慧			情感维度：人际与交往		非己维度：节制与谦让	
	求知力	创造力	洞察力	爱心	友善	宽容	谦虚
第三学段	我会上课积极举起手	我会自己修东西	我会观察季节的气候	我爱我自己	我会友好地指出别人的问题	我能替别人着想	我能看到身边同学的优点
	意志维度：恒心与毅力		利群维度：公正与协调		超越维度：境界与升华		
	真诚	执着	帮助力	合作力	信念	幽默	
	我能勇敢地向朋友诉说自己的烦恼	我能坚持自己正确的想法	我乐于参加竞选	我能配合老师的教学	我相信只要努力就会有收获	我会用幽默开导同学	

四、家校一体化联动，创新积极心理品质培养模式

心理品质是在个体的全部经历与知识基础上形成和发展起来的，是一种渐进、累积、由量变到质变的长期过程。学生积极心理品质的培养不仅要靠学校的教育，还有赖于家庭、社区的有效参与。我们面向全校家长开设"积极心理家庭课程"，为广大家长提供咨询干预，推进积极心理品质教育进家庭、进社区、进社会。

（一）沙龙化联谊辅导策略

新课程改革的重要理念之一就是大力开发教育资源，教师是资源、

学生是资源、学校是资源。作为家庭教育主力军的家长更加是重要的教育资源。在每学期的家长开放周中,我们推出了家长积极心理健康沙龙系列活动。心理健康教师通过座谈的形式收集学生中存在的一些相关心理问题,或者在实施家庭教育中所碰到的一些典型的问题,通过和家长开展有针对性的讨论活动,来帮助家长形成基本的心理引导观念。

(二)协作化联动辅导策略

家长中可谓"藏龙卧虎",教育高手并不少,在很多方面,家长的理解和见地甚至高于一般教师。为了能有效吸引在学生心理引导方面有特长的家长参与到学校的积极心理品质培育建设中来,学校成立了"爸爸妈妈心理俱乐部",通过每月一次的"俱乐部进班级"的活动,为学生积极心理品质的多元化发展提供了一个崭新的发展点。

几年来,我校基于课程化的小学生积极心理学核心品质培养实践,让师生在富有个性活力的校园生活中分享互助、共同成长,享受生命的精彩和快乐,同时也推动学校教育走向积极、走向幸福。我们期望今后通过一系列坚持不懈的校本化的研究探索,开辟出一条符合当下学生个体成长需求、效果甚佳、适用更广、操作性更强的小学积极心理健康课程建设之路。

第四章　打造课程文化，亮品质教育之彩

——高品质学校建设的课程表达

第一节　人文融入：甬上乡音课程的活性传承

追求有品质的课程已经成为新时代课程改革的核心议题。如何聚焦"立德树人"？如何解决中小学课程的碎片化与大杂烩问题？如何提升学校课程品质？如何推进学校课程深度变革？自 2012 年学校创办以来，我们围绕着"品质课程"展开了一系列的探索与研究，形成了自己独特的、整合性的课程变革架构。

在校本特色型拓展性课程的开发过程中，我们发现，每一个区域总会呈现出自己地域特点的独特资源，如何把握这些地域特色资源对彰显区域课程特色极其重要。乡音口头文学作为口耳相传的文学作品，是一个区域老百姓记录生活和情感抒发的载体，是地方传统文化的重要组成部分。课程，作为文化选择的一种工具，承担着本土文化传承的功能。将本土文化作为课程开发的重要资源，能让课程更亲民，贴近人心，唤醒潜藏在学生内心的文化情愫。

近年来，围绕宁波地域乡音口头文学这一典型地方非物质文化遗产资源，学校组建课程转化项目组，对此进行了"专题化聚焦"课程开发。我们将宁波乡音口头文学整合提炼为民间故事、谚语、童谣、谜语四大民间文学综合体，整合架构了鲜活的教学内容，探索提炼了灵活的教学范式，让这带有地域文化特色的文学瑰宝，成为学生的一种文化身份，让地方文化基因得以延续。

一、设计鲜活的内容体系

（一）闻"乡韵"——民间故事

宁波民间故事是宁波民间口头叙事文学。我们根据故事内容选取"行善扬德类""揭史传记类""爱乡劝世类"有利于学生形成良好道德品行的宁波民间故事，让学生明是非、识奇人、懂风俗。

行善扬德类——明是非。通过学习这些崇德尚德的故事，学生能明辨是非，继承宁波人的优良美德。如文大夫借粮、慈城董孝子传说等。

揭史传记类——识奇人。通过了解人物形象鲜明的传奇故事，学生感受宁波人不凡的人生经历。如田螺姑娘的传说、梁祝的故事等。

爱乡劝世类——解民俗。通过学习宁波人爱乡自强、劝世讽俗的故事，使学生形成良好的性格。如黄牛礁的传说、中秋过十六等。

（二）吟"乡梦"——民间童谣

童谣文字浅显，哲理性强，给予儿童独特而又有效的教育。我们选取"市井生活类""风俗习惯类""乐玩志趣类"贴近生活、有趣好玩的童谣，让学生捕捉宁波人典型的生活场景和独特的家乡风俗。

市井生活类——话日常。通过学习，让学生捕捉宁波人最为典型的日常生活场景和生活方式。如"正月梅花二月杏，三月桃花四月杨，五月石榴结金鹏，早生贵子做阿娘"等。

风俗习惯类——理家常。通过学习，学生了解了宁波人独特的风俗习惯，感受独特的民间文化。如"正月磕瓜子，二月放鹞子，三月种地下秧子"等。

乐玩志趣类——悦身心。通过学习，学生感受到宁波孩童成长过程中爱玩、乐玩的特点。如"斗斗虫，嘟嘟飞，抲只麻雀剥剥皮，要吃吃眼去，勿吃嘟飞去"等。

（三）感"乡情"——民间谚语

宁波谚语通过小故事说明大道理，在展现宁波民俗的同时又透着趣味性。我们精选出"民俗风情类""事理哲理类""社会实践类"三大类宁波谚语，让学生从祖辈的智慧中学会做人做事。

民俗风情类——知民生。通过学习这些反映宁波独特的民风习俗情趣、日常生活百态的谚语，感受宁波人的淳朴民风，了解地方文化。如："正月头面，探亲访友；困困冬至夜，腾腾夏至日"。

事理哲理类——悟大道。通过学习这些蕴含深刻的人生哲理，充满思想性和教育性的谚语，使学生学会做人做事，树立正确的价值观。"河有两岸，事有两面；贪眼小便宜，顾着老价钿"。

社会实践类——查百态。通过学习，让学生了解体现宁波劳动人民对自然和社会现象基本认识的谚语，感受宁波人的智慧和生活经验。如"天出黄云，必有狂风；三百六十行，种地第一行"。

（四）唤"乡思"——民间谜语

宁波谜语历史悠久、特色鲜明。我们收集"自然生态类""日常生活类""乡俗文化类"三大类谜语作为学习内容，让学生晓百科、尝百味、辨百生。

自然生态类——晓百科。通过学习，培养学生的形象思维，唤起联想和想象，培养创造性思维。如，南方生我，北方克我，人人爱我，个个怕我。（谜底：火）

日常生活类——尝百味。通过学习，培养学生认识生活、创造生活的能力，帮助完善健全他们的人格。如，后门口一株菜，落雨落雪会朵开。（谜底：雨伞）

乡俗文化类——辨百生。通过学习，学生锻炼了语文实践能力，进一步发展自主创新能力。如，出生在山里，住身在庙里，记记敲在额角头。（谜底：木鱼）

二、提炼灵活的教学范式

（一）文本意向唤醒式——在直观感知中让宁波乡音口头文学"醒"过来

这种教学模式主要让那些沉睡的文本在儿童的世界里"醒"过来。教师利用多种媒介和载体，让文本活起来，使得学生获得直观体验和真切的学习感受。

1. 童心听乡音，心向往之

我们在课前邀请老一辈方言专家和爱好者，将相关口头文学内容提前录制，以讲解员或传承人等身份，将故事、童谣等介绍给学生，供学生玩味赏析。地道的宁波老话配上贴切的话语，勾起了学生童年的回忆，增强了课堂的趣味性。

2. 童眼观乡韵，放眼古今

我们将口头文学相关视频同课本知识有机融合，学生通过视频直观感受宁波乡音口头文学的底蕴和魅力，并与视频中的专家学者直接进行对话互动，调动了课堂的气氛，增强了课堂的互动性。

3. 童声诵乡音，声入人心

宁波乡音文学极具趣味，读起来押韵好听。我们引导学生在课堂上进行多种形式朗读，如小老师领读、小组间诵读 PK 等，再配上合适的音乐，学生通过诵读把乡音文学融入自己的生活，延展了课堂的历史性。

（二）文化意蕴辨析式——在比较探究中让宁波乡音口头文学"美"起来

宁波乡音口头文学不仅极具地方特色，还具有一般文学属性。我们引导学生对不同地域、不同样态以及不同时空的文学作品进行比较，感受语言的差异和变化，主要构建了以下三种比较方法。

1. 与异域文化的比较

相同主题的文学作品在不同地域和不同语言环境下有不一样的表现形式。我们将异域文学引入课堂，产生思维碰撞，并让学生学会知识的联结，感受宁波乡音口头文学的生活性和创造性。

例如：学习宁波谚语"蜻蜓夹头飞，大雨在眼前"时，学生容易联想到语文课本上学到的谚语"蜻蜓低飞江湖畔，即将有雨在眼前"。这两句谚语所表达的意思相近，但学生通过对比发现，宁波谚语中的"夹头飞"贴近生活，显得十分幽默；而课本中的谚语则显得更有诗意，它描述的画面更美。

2. 与异质文化的比较

宁波乡音口头文学有多种表现形式。我们在课堂上针对一个主题，通过让学生赏析对比民间故事、地方戏剧、宁波童谣等多种文学样态，让学生丰富体验，感受宁波乡音口头文学的多样性和独特的艺术价值。

例如：学习《田螺姑娘》的故事时，我们先让学生自主阅读《田螺姑娘》的民间故事，再让学生了解这个动人的故事已成为甬剧中的经典，一起赏析甬剧片段，接着出示由《田螺姑娘》衍生出的宁波童谣"笃笃笃，我有田螺壳……"。最后由一位宁波老人为孩子们用宁波方言讲述他所知道的《田螺姑娘》的故事。

3. 与自身流变的比较

宁波历史悠久，口头文学中涵盖的知识、生活智慧等属性已经有了一定程度的变化，我们引导孩子在时代变迁中找寻不同，并在辩证学习中取其精华，从而让其体会到宁波口头文学的历史悠久，感受地方语言文化的魅力。

例如：在学习谜语"后门口头一只乌鸡娘，人客来了哆哆响"（谜底是茶壶）时，学生凭借已有的生活经验很难猜到。我们先让学生用地道的宁波老话运用各种形式读一读谜面，并借机了解"乌鸡娘"，再结合水壶烧开的视频进行提示，最后结合谜底让学生再次回读谜面，学生在学习中体会猜宁波"枚子"（谜语）的乐趣，从而感受地方口头文学的文化内涵。

（三）文学意义吸纳式——在涵咏实践中让宁波乡音口头文学"传"下来

这种教学模式主要是让学生通过实践活动，更深入地了解宁波口头文学的人文底蕴以及文化内涵，并运用到实际生活中。我们主要借助以下三种方式。

1. 玩转故事,语言锤炼展风采

学生利用多种方式在课堂上讲述民间故事,从而体会到宁波口头文学的创造性价值和文学性价值。

例如:我们让学生进行了不同形式的《田螺姑娘》故事讲述。

表4-1 《田螺姑娘》故事讲述

形式	具体操作
简要概述法	用几句话简单地说一说《田螺姑娘》的大致内容。
角色代入法	小组成员合作讲故事,学生分配角色,进行合作演绎讲述。
添油加醋法	学生加入人物的语言、动作、神态等,情节讲得更富有生命力。
方言讲述法	邀请老一辈宁波人为学生用方言讲述他们独有的《田螺姑娘》版本,学生再学着用方言讲一讲。

2. 创编剧本,演绎实践拓认知

为更灵活运用所学知识,我们让学生以当事人的身份重新构建情境,触发学生更好地走进人物内心,用表演生活情景剧的方式,让文字鲜活地展现在课堂上。

例如:在学习宁波谚语"带鱼吃肚皮,说话讲道理"时,学生创编了谚语剧本。

表4-2 宁波谚语剧本

时间:课间	地点:教室	人物:学生甲乙丙
故事背景:学生乙在课间玩耍时,不小心踩到了学生甲的脚。		
剧情	甲:哎呀,你踩了我一脚,怎么走路不长眼睛啊! 乙:你怎么骂人啊,再说我哪有踩你,明明是你的脚挡我的去路了。 甲:你这人怎么不讲道理啊,踩到别人都不知道要道歉。 乙:你出口伤人,应该是你向我道歉。 丙:哎呀,别吵了别吵了,宁波谚语说得好"带鱼吃肚皮,说话讲道理",你们一人少说一句,大家和睦相处。(甲乙互相道歉)	

3. 转化作品，手工体验广传承

为了让学生更真切地体会到宁波口头文化的涵盖面广，文化底蕴深厚，我们通过让学生在课堂上动手实践操作体验，把口头文学转化成文字、图片等作品，如制作甬上美食、书签、海报、手绘地图等，把宁波口头文学带出课堂。

（四）探寻活性的活动策略

1. "音"式传承，口耳相传"续"文脉

（1）吟童谣，领情趣之美。我们根据童谣的语言特点，与晨间微课和吟诵课相融合，让学生有更多机会吟诵，用情趣召唤学生亲近童谣，唤醒学生沉睡的"诗心"，领略童谣的情趣，感受童谣里蕴含的文学因子。

（2）讲故事，品生活之味。学校举行"我讲宁波民间故事"的比赛，学生通过班级晋级、年段竞争、全校展示的进阶方式，在舞台上进行有声有色的讲述，配上不同的语调和动作，真正意义上用口耳相传的方式成为民间故事的传承人。

（3）诵谚语，悟先辈之智。谚语内容包罗万象，语言简洁，是人民智慧的结晶。我们结合课内教学，学生创编谚语，有创意地展示吟诵；我们鼓励孩子把创编的谚语诵读给父母听，让他们成为地方谚语宣传员，把谚语带出校园。

2. "形"式传承，具身实践"固"根基

（1）浸入式环境熏陶，打造乡音文化校园。为了让学生能在浓郁的校园文化环境中潜移默化地感受宁波乡音口头文学的魅力，我校充分利用校园每一寸空间，发动有书写特长的孩子书写自己喜欢的宁波童谣、谚语等，通过书法作品让更多的人欣赏，真正达到让每面墙壁都体现甬上乡音的元素，让每块角落都绽放甬上乡音的风采。

图4-1 宁波谚语书法作品展览

（2）项目化游戏创设，发掘乐玩志趣同伴。学校开展丰富多样的项目化游戏活动，使学生在玩中乐，在乐中学。学校选取校庆、迎元旦等庆祝活动，设置民间故事主题乐园项目，让学生在游戏中感知民间文学；与课间活动相结合，将童谣融入游戏活动中，学生边唱着童谣边游戏；学校创建"宁波谜语猜猜猜"等擂台闯关项目，激发学生的"猜枚子"热情。

（3）层次性资源整合，拓宽实践活动空间。学校寻求多元化平台，充分挖掘和利用本土资源，有层次地进行整合。

我们依托"家校共同发展会"平台，充分发掘家长们的课程资源，构建互动、多元、开放的课程载体，提高宁波乡音口头文学课程的适切性和丰富性。

我们与宁波人民广播电台阳光904小星星乐园栏目携手合作，带领

134

学生成为小小广播员，让孩子们在广播电台中传播宁波乡音口头文学。

我们串联起非物质文化遗产小镇、博物馆等场馆资源，设立多处教学传承基地，让学生在不一样的学习环境中进行研学式探究活动。

3. "神"式传承，身临其境"蕴"涵养

（1）玩转故事，语言锤炼展风采。民间故事承载着丰富的文化遗产，孩子们通过改编民间故事，代入自己的认知与审美，让短小的民间故事重新焕发出勃勃的文学生机，滋养他们的美好童年。

（2）徜徉剧本，演绎实践拓认知。谚语剧就是根据地方谚语创编与谚语相关的故事，再把故事改编成戏剧，孩子们通过舞台表演将谚语的内容生动形象地传达给大家，从而使学生了解地方谚语的博大精深。

（3）创编童谣，传唱吟诵丰内涵。孩子们运用宁波童谣的韵律，改编童谣，使之与当下的生活更紧凑更亲切，有利于宁波乡土文化的普及。

学生根据"落雨嘞，落雨嘞，小八拉丝开会嘞。落雨嘞，打烊嘞，蝙蝠老鼠开会嘞"，改编成童谣"打铃嘞，上课嘞，小人要去读书嘞。打铃嘞，落课嘞，小人要去窝里嘞"。

4. "韵"式传承，身体力行"承"乡魂

（1）小助教员，见贤思齐。我们招募小小助教员成为老师的小助手，带动同伴，营造朗读经典的氛围。小老师通过带读、展示读感染学生。这些小助教员在活动中有了自我表现的空间，同伴之间互相学习、提高。

（2）小讲师团，内传乡情。我校成立了宁波乡音文化"小讲师团"，该讲师团由高年级段在此方面程度较好的小学生组成，给低年级段的弟弟妹妹授课，同龄人讲述乡音文化，也是学生喜闻乐见的一种学习方式。

（3）小推广团，外拓乡风。我校成立了乡音文化小推广团，面向家长、来校参观的宾客和幼儿园小朋友，通过介绍、展示、表演等形式学以致用，把乡音口头文学推广出去，同时对传播宁波乡音文化起到了很好的效果。

第二节　戏育全人：英语戏剧课程的实践创生

董山小学的办学愿景是建立一所外语特色鲜明的高品质小学，因此如何激发和保护学生学习英语的兴趣，如何培养和形成学生学习英语的习惯，如何促进和推动学生在英语学科素养方面有个性化的发展，成为我们办学多年来着力推进的核心任务之一。

戏剧课程在国外尤其是欧美国家被广泛开设。近年来，戏剧教育或者教育戏剧在国内也引发了一阵热潮。戏剧教育越来越受到推崇，戏剧的课程功能得到开发利用。新时期下，我国教育界提出核心素养概念。就语言能力、思维品质、文化品格、学习能力而言，英语戏剧无疑是凸显和培养这些能力和品质的最好平台。

几年来，我校以英语特色教学品牌打造为导向，不遗余力地推进小学戏剧英语拓展型课程体系建设，努力形成引领潮流的特色课程体系，进而凸显学校英语特色的办学品质。我们基于学习内容趣味化、学习过程活动化、学习参与主动化的三大理念，从课程资源开发、教学模式提炼、活动体系探寻三大途径，推进"5P"（Performance、Preparation、Presentation、Practice、Proceeding）式英语微戏剧课程的开发与教学实践。

一、开发生动的"英语戏剧"课程资源

（一）立足原点，教材文本戏剧化改编

英语教材文本是学生学习英语的重要载体和主要内容。因此，教材文本是英语戏剧课程资源开发的原点。PEP 教材中的语音、对话、阅读和故事板块都是教材文本戏剧化的重要资源。我们梳理出科学类、跨文化类、生活类、哲理类四个篇章四十个教材文本。例如，六年级下册第一单元阅读板块的《Old tree and little duck》一文蕴藏着光折射的科学知识，让学生分别饰演老树和小鸭子，学生在表演中明白影子长短的关系。

表 4-3　教材文本改编类戏剧

分类	学习目标	例举
科学类（10 个）	通过将科学文本进行改编，让学生更好地了解科学知识。	《Old tree and little duck》《Four seasons》《Earth》
跨文化类（10 个）	通过对跨文化类知识进行戏剧化改编，让学生更好在表演中感受跨文化。	《Different weather》《Different ways to go to school》《Different eating habits》
生活类（10 个）	通过用表演的方式对一些生活常识进行再现，让学生在生活中更好地进行交际。	《Robin and the ant》《What a dream》《Meet Robin》
哲理类（10 个）	通过对课文中一些有趣的对话材料进行改编，让学生在快乐的表演中进行语言运用。	《The clever rat》《Pulling the carrots》《Learn by doing》

（二）追求多元，绘本故事戏剧化选编

绘本是用丰富多彩的图画和精炼优美的文字来讲述故事的一类书籍。绘本故事往往集语言、艺术、科学知识、情感等多方面重要价值于一身，因此绘本所具有的多元价值对孩子的全人格造就极具意义。此外，英语绘本中往往配有相应的视频或音频材料，选编一些富有意义的绘本故事，将这些绘本进行戏剧化，就构成英语戏剧课程资源重要的生长点，通过英语绘本的戏剧演绎来浸润学生的人生底色，追求个性的多元发展。我们梳理出习惯类、友谊类、亲情类、道理类四个篇章四十个绘本类。

表4-4　绘本故事选编类戏剧

分类	学习目标	例举
习惯类（10个）	通过演绎习惯类的绘本，让学生更好养成良好的行为习惯。	《大卫不可以》《汉堡男孩》《鳄鱼怕怕牙医怕怕》
友谊类（10个）	通过对友谊类绘本的演绎，让学生体会友谊的重要性。	《我有友情要出租》《爱心树》《城市老鼠与农村老鼠》
亲情类（10个）	通过对亲情类绘本故事的学习，让学生在表演中感受亲情，体会亲情。	《我爸爸》《我妈妈》《猜猜我有多爱你》
道理类（10个）	通过绘本的学习和演绎，让学生得知绘本蕴含的深刻道理。	《小猪变形记》《骄傲的孔雀》《狐狸与仙鹤》

（三）文道结合，经典童话戏剧化新编

列宁说过，儿童的本性是爱听童话的。美妙的童话故事是儿童的最爱，也是童年生活中必备的文字营养。经典的童话，除语言生动形象，情节曲折离奇，剧情引人入胜外，还往往蕴含着一定的道德哲理。西方的经典童话，有安徒生童话，格林童话；中国的经典童话，有叶圣陶童话，365夜童话故事。西为中用，中为洋用，将西方经典童话文本进行戏剧化处理，将中国经典童话文本新编为英语剧本，构成英语戏剧课程资源的中坚力量。

表4-5　经典童话新编类戏剧

分类	学习目标	例举
成语类（10个）	通过表演成语类的经典童话故事，让学生更好地理解成语蕴含的意义。	《拔苗助长》《守株待兔》《狐假虎威》
节日类（10个）	通过对传统节日故事的演绎，让学生感受节日文化。	《嫦娥奔月》《牛郎织女》《年兽来了》
动物类（10个）	通过对动物故事的演绎，增强学生的学习兴趣，让他们了解故事背后隐藏的道理。	《龟兔赛跑》《丑小鸭》《井底之蛙》
人物类（10个）	通过再现经典人物故事，让学生深刻了解人物的性格，感受人物的人格魅力。	《白雪公主》《小红帽》《灰姑娘》

二、提炼灵动的"英语戏剧"教学模式

(一) 思（Preparation）：基于语境创设的剧本研读，促进思维力

1. 广视角输入，戏剧背景解读

戏剧的背景往往涉及故事发生的年代背景，作者创作时的社会背景等。教师可以通过视频、PPT、板书等各种视觉化方式引导出故事背景，帮助学生快速认识剧中的人物和主要内容，之后教师根据剧幕的人物明确角色。在这个过程中，学生需要对教师提供的信息进行加工整理，概括分析，形成自己的知识链。

2. 三步法思考，剧情变化预测

戏剧往往包含着错综复杂的情节变化，这也是戏剧能够引人入胜的重要原因。学生在研读剧本时，必须把握好剧情的发展。这个过程可以大致分为以下三个步骤。第一，弄清剧情的主要情节的发展趋向，对正面人物要做的事情发生同情，对反面人物要做的事情表示担忧，从而引发期待。第二，对剧情的发展做种种猜测和想象。第三，学生所看到的是自己"想不到，猜不着"的，或者比自己设想的更为精彩和深刻。在这三个步骤中，学生的思维不断地被迸发，逻辑性、创造性等思维品质得到不断提升。

3. 多维度结合，剧中人物分析

在英语戏剧课程中，学生研读剧本并对剧中的人物分析，通过剧本中的概念性词语细致揣摩人物的语言、活动以及内心情感，根据剧本中的表达方式从多种角度研究人物的性格。在这个分析过程中，学生对文本信息进行了加工处理，对剧本进行了理解、推断和归纳，他们的逻辑、推断和概括能力得到了有效的提升。

（二）学（Presentation）：基于语言输入的台词内化，增强语言力

1. 静心感悟，台词语言理解

语言能力是指借助语言以听、说、读、看、写等方式理解和表达意义的能力。语言知识是语言能力的一个重要组成部分。运用语言则是语言能力的另一个重要组成部分。英语戏剧的剧本，比如经典童话、绘本故事、教材文本等，它们的台词地道，语言精准，是学生学习语言知识和提高英语口语水平的宝贵资源。在学生研读剧本后，需要对剧本的语言进行细致学习。教师让学生自行诵读台词，并在不理解的台词上做记号，教师对这些疑难知识点进行讲解。在这个过程中，教师就可以创设剧中相关的情境，让学生在现成的语境中理解这些与台词相关的知识点。在英语剧本的学习中，学生可以学到较多地道的英语表达方式，从而提高语言能力。

2. 尽心体验，语音语调模仿

教师通过各种办法研读剧本后，以图片或者视频的方式输入语言，结合语境帮助学生理解词的意义。通过对台词语言的理解，学生全面体会人物的内心感受，理解人物与情景之间的关系，发现人物特征和情感变化。然后在语言输入中，模仿语音语调。语音语调的好坏直接决定了口语水平的高低以及表演效果的优劣。

3. 精心输出，台词技巧训练

在理解语言，模仿语音语调训练后，学生必须开始台词技巧训练。这个阶段，主要是为了让学生理解和熟悉剧本，精心找到每一幕的节奏。台词技巧训练中要掌握"精"原则，在这个过程中可以采用游戏式拍手法、音乐式配音法、互动式对词法等。

（三）练（Practice）：基于语言内化的神形合演，提升表现力

1. 由此及彼，情绪情感揣摩

情绪情感是戏剧表演的魅力所在，也是展示戏剧美感的关键。演员表演的声情并茂，不仅能给观众心理满足感，还能提高观众的审美水平。因此，在戏剧表演课中，教师应该让学生学会揣摩人物角色的情感，掌握人物的情绪和情感，由此及彼。在表演过程中，准确把握、适当调控人物情感，以保证表演的质量。在表演中，学生可以通过"情境模拟，感知情绪""设身处地，内化情绪""双重人格，展示情绪"三种方法提高自己的情感表现力。

2. 由易到难，训练肢体律动

揣摩情绪情感是学生的内在情感需求，之后，学生将需要带着情感开始外在的肢体律动训练。这个过程可以有多种方式，比如"律动游戏，抛砖引玉""律动做操，渐入佳境""肢体模仿，出神入化"。

图 4-2 律动游戏法示意图

3. 由表及里，语言神形融合

将语言、动作和神态三者有机结合，将对戏剧的理解、语言的内化转为自身表演，是我们英语戏剧课程教学的重中之重。学生在语言内化、神形训练后，将两者融合，形成三位一体的戏剧表演能力。在融合

过程中，学生要注意语言节奏、动作节奏以及神态节奏。

（四）研（Proceeding）：基于自主体验的活动研推，培养创造力

1. 主观驱动，剧本内容新编

在主观性驱动下，剧本内容新编可以有这三种形式："画蛇添足"，情节续编；"偷梁换柱"，结局新编；"脱胎换骨"，剧本创编。比如《龟兔赛跑》一剧，该剧的结局人人皆知，骄傲的兔子让人心生厌恶，低调的乌龟让人着实佩服。教师告诉学生如果兔子没睡那么久呢，甚至兔子都没有睡觉，或者乌龟中途会不会遇到一些问题，各种情况下结局会怎么发展。比如，教师给出了《The frog in the well》剧本题目，这个剧本看上去跟学生们耳熟能详的坐井观天很相似，但是学生们在创编过程中没有落入原来故事的俗套。有结合四季主题，讲述青蛙在不同季

图4-3 学生们进行剧本创编

跟其他动物的对话；也有引入灰太狼这个大家喜欢演的动物，大灰狼想吃青蛙又吃不到，最后掉进井里的故事；也有青蛙在鸟的劝说和帮助下，最后来到了草地上，感慨世界之美妙的故事。童眼看剧本，童意创剧本，童言演剧本，这极大地培养了学生的创造力。

2. 自主探究，表现技巧自创

在自主探究作用下，学生通过"思路隧道""画面定格""动作定格"三种方式进行表现技巧自创。在表演过程中，学生可以采用画面定格、动作定格的形式，即学生学习过程中，教师突然将画面定格，学生马上开始进行表演。

3. 个性相衬，演绎模式建构

充分发挥学生的个性特点，建构三种演绎模式，分别是角色配音、对白设计、即兴表演。在戏剧课中，学生往往在配音过程中发现追赶不上影片中的对白。因此只有把对白改成自己的话，脑海里有清晰的上下文逻辑关系，就像这个对白仿佛就是我自己在说，才会做到自然流畅。学生在经过一定的语言技能和表现技巧训练后，往往能够具备即兴表演的能力。

（五）演（Performance）：基于表演输出的多元展示，形成鉴赏力

1. 四维结合，剧本解读初秀

学生是否能够准确地解读剧本是戏剧表演的首要环节。剧本解读分为对剧本背景的理解、对剧本人物的分析、对剧本主题的认知、对剧本情节的掌握四个维度。

2. 口书相加，语言表达亮绩

在戏剧表演中，语言能力可以分为学生的口语表达能力和剧本创作的英语水平。学生通过戏剧表演大赛，他人可以一目了然地判断他们的口语水平以及洞察剧本的英语水平。我们专门制定了戏剧大赛口语表达

能力和剧本英语水平的评价标准，便于学生学会正确地评价，提高自己的鉴赏能力和语言能力。

3. 彼此互鉴，神形演绎展示

在课程中，学会正确地评价表演能力，从而提升自身的表演能力显得极为重要。教师可以先利用"哑剧"的形式让学生来表现某一个主题，学生依次进行神形演绎展示，再结合台词，再次进行表演展示，在鉴赏他人和被人鉴赏的双重机制下，迅速提升演绎能力。以下是我们的表演能力评价标准。

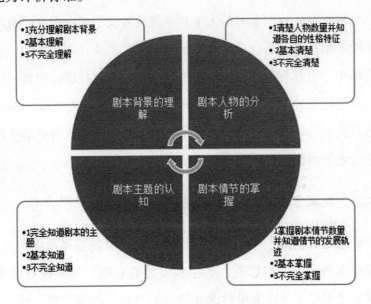

图4-4 剧本解读要素及评价

三、探寻联动的"英语戏剧"活动体系

（一）立足班级剧场，奏响英语微戏剧学习的主旋律

班级剧场的利用，为我们形成了一个多样的学科戏剧融合课程。在

戏剧育人中，牢牢地将班级剧场作为教学育人的主阵地。在班级剧场中实现学科戏剧融合课程的实施。在这个学科戏剧融合课程中，由普通英语老师亲自授课，通过晨检微课堂、英语蹦蹦跳、英语课堂等平台，以剧目学习和演出为载体，鼓励学生学会在学科中融入戏剧元素，体验并参与角色演出，提高自己的学习力和思维力。

（二）扎根社团剧场，建设英语微戏剧学习的大本营

社团剧场的成立，为我们建立了一个专门的专业戏剧学习课程。社团是学生进行专业戏剧学习的大本营。我校开设了适合中高年级段的英语莎士比亚剧社以及适合低年级段的英语趣味表演社两个社团。在这个社团剧场中，由具有戏剧表演特长的英语老师亲自授课，招募一批爱好英语以及爱好戏剧表演的学生参加。教师通过互动式交流、游戏式渗透、启发式引导、参与式体验、音乐式调节等多样的戏剧教学手段，打造一个专业的戏剧课程，提高学生的戏剧素养。

（三）挖掘家庭剧场，造就英语微戏剧学习的新广角

家庭剧场的挖掘，可以为我们打造一个新鲜的拓展戏剧研究课程。通过家庭剧场中的家庭影院，学生观赏经典戏剧，培养自身的审美能力。学生还可以通过在家里对课文的自编自导，拍摄视频上传班级 QQ 群里，达到展现自己、突破自我、提高自信的目的。家庭剧场不同于班级剧场和社团剧场，它所受的时空限制比较小，可以为戏剧带来更多的可能性。在家庭剧场中，学生可以跟父母利用家里的各种生活物品，各种场地，大胆表演，提升表演的乐趣，提高自身的创造力。

（四）走进社会剧场，形成英语微戏剧学习的多阵地

社会剧场的建立，可以为我们生成一个开放的活动戏剧体验课程。学生利用"儿童节""万圣节"等节日契机，将班级剧场、社团剧场、家庭剧场学到的阶段性成果搬入社会剧场。社会剧场的展示是对学生语言表达、行为举止、团队精神、创新精神、责任意识、勇敢自信等方面进行全方位的塑造和培养，能为学生提供一个展现自我才华的平台，极大鼓励学生，激发自信，提高他们学习英语的兴趣。

第三节　凸显生本：幼小衔接课程的整体架构

学校课程是对学生心灵的滋养。学校品质化特色课程的打造，离不开学科教学与学生生活经验的联结。基于品质提升的课程变革，应该以适合学生健康快乐可持续成长为核心价值，应该以满足学生学习的深度需求为目标。

我校在建设品质化课程的实践中，注重对特色课程的建设。我们基于学科基础，面向学生个体学习需求建设特色课程，促使知识更接近于真实的生活世界。我们在全局视野下，对学校品质课程进行整体构架，创生出许多有意义的学习过程与成果。我们竭力追求丰富学生的学习经历，聚焦学生核心素养的提升，以逻辑体系清晰的、有品质的课程展示我们内心对教育不灭的情怀。

为孩子的成长诗篇写下最精彩的第一行，为孩子生命成长留下最美好的第一刻，建校以来，我校摒弃大多数学校一开学就进行学科教学的传统做法，开发了为一年级新生"私人定制"的为期三周的"KTP 课程",旨在帮助一年级新生消除入学的紧张茫然情绪,缩短幼小衔接的过程。"KTP 课程"中各学科所教内容有差异,但是目标指向一致,致力于培养孩子爱学乐学、积极自信的良好心态,帮助他们顺利迈出求学之路的第一步。

汉语拼音是小学语文教学的重要内容,是帮助识字、阅读和学习普通话的有效工具。熟练掌握汉语拼音不仅能增强孩子自主识字的能力,并对后续的阅读与写作能力也会产生非常深远的影响。小学一年级的语文教学既肩负着汉语拼音启蒙的实际任务,也是通往博大精深的汉语文化的必经之路。我校语文团队经过近六年的教学实践,逐渐形成了以"拼音教学"为代表的 KTP 特色品质课程。该课程充分考虑了时代对于拼音教学需求,凸显了以学生为本的教学理念,通过一种一年级学生喜闻乐见的方式和角度来了解拼音、学习拼音、接受拼音,缩短学生对于拼音学习的接受过程,一方面达到孩子幼小衔接的平稳过渡,另一方面实现学生快速、高效学会拼音和适应语文教学的目标。

"Kinder-garten to primary school" 是指从幼儿园向小学实现学习模式的转变。基于这种学习模式的构建角度,本文所指的"KTP 课程"为:

K = "Key"(钥匙):激发学生建立起已有生活经验与拼音教学之间的"桥梁",让学生意识到拼音是打开语言学习宝库的钥匙。

T = "Tableau"(画面):通过生动的画面提取学生认知中的相关信息,启发学生将拼音的学习与语言的思维表达相结合。

P = "Practice"(练习):引导学生通过反复的训练掌握通过语言表达学习拼音的基本方法。

一、"KTP课程"的教学模式

（一）巧设入径，设置双向互动的课前情境创学

1. 角色互换，顺势导入

在课前导入阶段，利用 PPT 中的卡通画面和生动的教师语言，将课堂转变为一个"拼音王国"，孩子们则由学生转变为"拼音"王国的探索者。对于刚刚接触小学课堂模式的孩子们来说，这种模式是比较具有吸引力的。

2. 巧设关卡，复习旧知

创设了生动有趣的情境后，引导孩子们在情境中认读已学的拼音字母，并进行适当的拼读练习，这种教学方式基本按照幼儿园时期的游戏模式开展，能够很好地抓住孩子们的注意力。在这个过程中，孩子们不仅认读了已学字母，还进行了分类，同时又不失趣味性，真正做到了生动、高效。

3. 情节延伸，挖掘新知

在前面情景创设的基础上，小朋友们闯关成功时，旧知识也复习得差不多了。这时候，教师则继续在之前的情境中，增添新的人物与情节。故事慢慢延伸开来，新的拼音字母将化身为拼音王国深处的其他成员，与闯关成功的小朋友们见面。这样的引入方式，不仅能赋予孩子更多的成就感，还能进一步激发孩子继续学习的兴趣。

（二）规律研学，实现且行且思的课堂生动建构

1. 以图为引，象形会意

出示课文插图，引导学生观察图片内容，并用一句完整的话描述。

在教育部组织编写的一年级上册的语文教材中，拼音课文都配有许多生动形象的图画，有的图画通过象形可帮助孩子记忆拼音的字形，有的图片通过会意可帮助孩子记忆拼音的读音。出示这些插图，让孩子用完整的语言描述，能够让他们更加细致地观察图片，加深印象，为下一步的图文结合记忆做好铺垫。

2. 顺势而为，深入结合

教师根据学生说话的内容，引出本课字母的读音，学生对图片的描述必然提到与本课拼音相关的点，根据学生的描述并结合课堂教授内容，开展适时引导，将图片内容和新知联系起来。在图文结合的过程中，教师是顺着学生的思维开展教学的，目的是让孩子对拼音的印象不断加深，做到音形义结合记忆。

3. 听读递进，巩固提高

学生初次接触新的拼音字母，对于发音位置、发音要点掌握并不准确，需要教师细致讲解，并多次范读，通过各种方式指导学生纠正发音。除了教师范读、学生跟读的方式，还可以采取男女分读、小组分读、开小火车读、小老师带读等方式，让孩子在不断的听读练习中，巩固字母的发音。

4. 口诀创编，自我总结

在能够正确认读拼音字母后，可引导孩子自行编写顺口溜。与现成提供的口诀相比，孩子在自行编写口诀的过程中，再一次回顾了拼音的音形，并结合了自己最熟悉的事物来进行记忆。这种口诀，孩子们更容易牢记，也更愿意去记，因此也自然能够更好地帮助孩子加深对字母的印象。不过，对幼小衔接阶段的孩子来说，凭空编写口诀有一定的难度，因此，可以先出示一个编好的顺口溜，然后让孩子们模仿创编，这样，既增强了可行性，又提高了趣味性。

5. 拼读运用，温故知新

在教学后期，可以联系旧知，指导学生练习拼读。学习拼音，光会读单个的字母还不够，还要能够正确地拼读音节。因此，在孩子们能够准确记忆新字母的音、形之后，立刻出示相关音节，让孩子们拼读、运用，有助于在多种形式的读中训练孩子们的拼读能力。

（三）趣读践知，开展全面拓展的拼读激励巩固

1. 融入新知，儿歌导入

在课堂中出示包含已学拼音的注音儿歌，将本课的新知标红，提醒孩子注意。课堂后半段出示的儿歌，必定要为整堂课服务。因此，教师创编包含本课要点的注音儿歌，并将要点标红，引导孩子们在读的过程中，有意识地注意本课的新知，从而起到一个复习、巩固的作用。

2. 教师扶助，初步拼读

带着学生逐句读儿歌，再连起来齐读儿歌。幼小衔接阶段的孩子，拼读、识字能力都比较弱，很难流畅地朗读儿歌。因此，教师会先带着孩子们逐句朗读，让孩子们在跟读的过程中，熟悉儿歌内容。教师带读过后，再让孩子们齐读全文，便容易多了。

3. 动态朗读，寓学于乐

在教师引导下，学生起立，带上动作，配乐朗读儿歌。学生能够独立流畅朗读之后，播放富有节奏感的配乐，并让孩子们全体起立，在音乐声中带动作朗读儿歌。在富有趣味性的朗读过程中，不仅再次复现了本课新知，更缓解了孩子们的疲劳，有助于他们在下半节课中集中注意力。

（四）寓写于思，倡导层层递进的课后书写实践

1. 自主观察，总结提炼

利用 PPT 出示四线三格中的拼音字母，鼓励孩子们通过细致的观察，明确字母的书写位置、笔画特点、笔画顺序等，在这个过程中，应该适时鼓励孩子们发言，并将孩子们的发现进行归纳、总结和提炼。

2. 教师范写，学生练写

一边在黑板上示范书写，一边再次强调书写要点，与此同时，孩子们将手指当作笔进行练习。之后，孩子们学着老师的样子，在语文书或者练习纸上练习书写，在书写实践中巩固知识点。

3. 书写展示，集体评价

利用实物投影仪，展示若干份具有代表性的书写作业。先在教师的带领下，共同点评一份，接下去由扶到放，让学生学着老师的样子，独立点评剩下的几份作业。在点评的过程中，学生再次巩固了书写要点。

二、"KTP 课程"的教学策略

（一）Key（钥匙）的教学策略

1. 适性认知，模型初构

学习的基础在于固有知识的迁移与应用。激发学生建立起已有生活经验与拼音教学之间的桥梁，让学生意识到拼音是打开语言学习宝库的钥匙。结合基于前期对孩子们的家访和摸底考察，可以大致对孩子的具体情况进行一定的预设，从而贴近孩子的认知，帮助他们更加适性地接受新知。我们学校在新生入校前安排为期 7~10 天的全员导师入户家

访，覆盖班内每一位孩子，不但为孩子初入校园扫除了认知障碍，还能够让老师对孩子有一个初步的了解并留下相关记录，为后续教育提供良好的保障。

2. 迁移认知，模仿构建

良好的起步加速了孩子从被动模仿到主动学习的过程，他们的学习能力逐渐在预设的锻炼中提升。从孩子与生俱来的模仿、强记能力出发，这样逐步过渡到发现问题去动脑筋思考、结合自身的生活实际去理解。在 KTP 教学中，教师首先进行学习方法的迁移教学，不但可以培养孩子的认知，还能进一步掌握孩子的学情，为后续构建合理均衡的学习组合提供相关依据。

3. 合作认知，结构互补

孩子如同花园中的花朵，每一个孩子都是独立的个体，都有其与生俱来的特质。我们根据初构的建模使居于不同层次的孩子在 KTP 基础课程中，通过小组合作的方式来进行语言训练。如基础相对扎实的孩子可以负责组织或总结，善于表达的孩子可以朗读，相对较弱的孩子可以通过画或者摘录的形式来进行知识反馈……如是轮转，使之在学习中进步，在进步中更倾力于学习。分层次小组合作，让每个孩子都有事做，让每个孩子都能够在同一堂课中有所收获。

（二）Tableau（画面）的教学策略

1. 创设情境，妙趣横生

画面感的建设与教学手段的创设情境同出一源。低年级段孩子的思维仍停留在具象思维。KTP 教学十分注重引导孩子的画面感启发，从而刺激孩子的"奖励神经"，通过意志力加以保持，形成初步的拼音学习自我内驱力，在情境中感受教学中的情趣。

2. 歌谣吟诵，鲜活立体

儿歌是孩子在婴儿时期就喜闻乐见的教学方式，因此拼音教学可以充分发挥儿童的作用。通过朗朗上口的歌谣，在歌谣的吟诵中，借助音形义的三位一体赋予其内涵。建设起字母的画面感，从而构建起拼音学习的框架，让扁平枯燥的字母跳出课本，变得更加鲜活立体，从而更易被孩子们所接受。

3. 图文并茂，师生同心

除了情境和歌谣，构建画面感还需要借助图片来帮助孩子们更直观地接触其中的秘诀。以教师的身体力行为先导，契合孩子们的认知创设情境，以故事为主线，串联拼音教学，在大森林或者奇妙草原等图片的交替，层层深入，从而让师者牢牢地抓住孩子们的心，学习的韵味就渐渐浓了。既可以帮助语文学科的学习，又能增进孩子对老师的信任感。

（三）Practice（练习）的教学策略

1. 系统练习，内化知识

引导学生通过反复的训练，使学生掌握通过语言表达来学习拼音的基本方法。我们总结了多年拼音教学经验，发现在教学中停留于口耳的信息往往很快被孩子们所记忆，但非常容易模糊、残缺乃至遗忘。因此，通过课堂内即时的操练，帮助孩子们初步感受课堂摘记的方法。既可以帮助巩固现有知识，又能为后续的阅读习惯教学做出铺垫。

2. 教学反刍，抑制遗忘

根据艾宾浩斯的遗忘曲线，遗忘的进程不是均衡的。在记忆的最初阶段遗忘的速度很快，后来就逐渐减慢了。因此，KTP 课程教学十分注重学习中的时时反刍，让记忆的理解效果提升，从而让低年级段的孩子的遗忘变得缓慢。

3. 创编儿歌，学思兼优

我们经过多年实践，发现让孩子借助课文，仿照着去创编拼音儿歌，是提升教学效果的一大利器。既能加深孩子对本科拼音的理解和认知，还能够锻炼孩子们勤思考、善表达的语文能力，契合现今小学语文的教学趋势。并且在孩子们的内心也种下了自信的种子，将更多的激情投入到语文学习上来。

拼音教学"KTP 课程"的开发与实施，能够通过一种一年级学生喜闻乐见的方式和角度来了解拼音、学习拼音、接受拼音，有效缩短学生对于拼音学习的接受过程，给学生创造一个良好的学习环境，让刚刚入学的小学生有了更多的互动交流机会和自我表现空间，真正让学生在拼音教学中能够体会到学习的乐趣，激发学生主动学习拼音的潜力和热情，通过学生的主观能动性加快对于拼音知识的吸收速度。该课程真正能够引导学生走进拼音教学情境，引导学生进行主动思考，促使学生的思维在想象的空间中自由翱翔，在潜移默化中培养学生良好的拼音意识，进而培养学生较高的拼音素养，达到学生高品质学习拼音的既定目标。

第四节　回归本源：美术纸板课程的创意教学

教育要生长在学生的心里，学校课程一定是最重要的滋养。如何使学校课程变革从表层执行走向深度变革是"品质课程"建设的核心任务。学校课程深度变革是从道到术、从思到行的深刻变革。只有不断地回到学生立场，直抵生命本真，这样的改革才能称之为深度变革。审视学生发展视角，课程建设本身不是最终目的，给学生提供丰富的、有特色的、个性化的课程才是最终目标。

我们的教育本来就是通过学习知识提高能力，锤炼品格，所以要从为了知识的教育转化成通过知识获得教育，要转变观念，回归教育本源，回归人格的塑造以及知识的运用和创新能力的培养上。堇山小学致力于推进让每一个孩子得到适合的发展的品质课程建设，学校主张重视和培养儿童发展所需的核心素养和能力。在美术学习中，学生的创作离不开各式各样的媒材，丰富的材料有利于学生创作出更多不同形式的美术作品。结合学校的理念和美术课程的要求，基于学生能力的发展，我们确定了"硬纸板课程"作为学校素质教育和创新教育的重要突破口，积极开展校本拓展性课程的开发和研究，努力打造纸板创意为艺术教育特色。通过理论学习、方案论证、方法研讨及课程内容确定等一系列的准备后，使硬纸板创意课程逐步完善体系，走进课堂。

小学美术硬纸板创意教学，旨在巧用硬纸板，创新常规美术教学。目的是将硬纸板这一常见的包装材料运用到小学美术教学中去。现在我校一到六年级运用的都是浙江人民美术出版社出版的教材，用的是配套的美术学具袋，学具袋内的材料虽然齐全，但也相对单一。在硬纸板创意课程开发中，我们的选择多样，大到冰箱洗衣机的纸箱，小到牙膏盒子，生活中出现的包装盒都可以进行整体或裁开的创作运用。硬纸板相对其他废旧材料易于自带和整理，也易于保存和展示。结合日常的美术课程内容，教师运用视觉造物转换的思想，引导学生充分利用硬纸板这一材料进行主题创作，让孩子们的创造力和动手能力都得到提升。

一、构建以硬纸板为主要媒材的课程体系

（一）以"本"为本，梳理美术教材

以"本"为本即以课本为基本。目前我校一到六年级使用的是浙江人民美术出版社出版的配套美术教材。美术教材的编写汇聚了很多专家以及教育工作者的心血，安排的课程也是多年研究证明合乎学生美术认知发展的。

硬纸板创意教学的内容要做到普及，势必要和现有教材结合，教学内容落实到每个美术老师，让每一个班级都体验硬纸板创意的乐趣。与教材的融合能够更好地把握教学的方向性，增加课堂的趣味性，也是对材料开发的一项实验研究。通过对 12 册教材的梳理，梳理出很多可以运用硬纸板视觉造物转换的课程，以便于在课堂中进行材料的转换创作。

（二）以"拓"为展，完善校本课程

堇山小学一直潜心探索"培元教育"，在这个理念引领下学校一直着力于开发基于学生能力的发展的拓展课程。依托学校背景，全面结合本校学生实际情况，确定了"硬纸板课程"作为我校素质教育和创新教育的重要突破口，努力打造硬纸板创意的艺术教育特色。

社团成立后，我校美术团队共同研讨编制出适合的校本教材。在实践的基础上进行总结编制，教材内页配图基本都是学生的作品和课堂照片，具有很强的真实性和实践性。教材编制后再一次进行课堂实践，累积其中的不足，进行完善。教材分为六个单元，分别是"脸""人类的朋友""我爱植物""可爱的动物们""生活小创意""我的家""向大

师学习"，每一个单元安排具有连续性的 3 个课时。并配备相应的《硬
纸板创意美术课程教案集》，力求将课程体系做得更加完善。

图 4-5 《小纸板大创意——硬纸板创意美术教材》

(三) 以"合"为轨，整合课程体系

硬纸板创意校本课程与课堂内的美术基础课程有很多相似之处：都
注重学生图像识读、美术表现、审美判断、创意实践和文化理解。在内
容的选择上可以进行课程的穿插和升华。基础美术课堂为硬纸板创意教
学实现了全员化，硬纸板创意美术社团为其基础美术课程实现了高阶
化。例如，浙江人民美术出版社出版的四年级下册"生长的植物"一
课的教学目标为观察植物的生长，学习用纸板画的形式进行表现。书本
上给的示范过程是纸板拼贴版画创作。在《小纸板大创意———硬纸
板创意美术教材》校本教材中也有编制这一课的内容，在观察的基础
上进行了视觉造物转换，利用硬纸板进行雕刻纸板画创作。

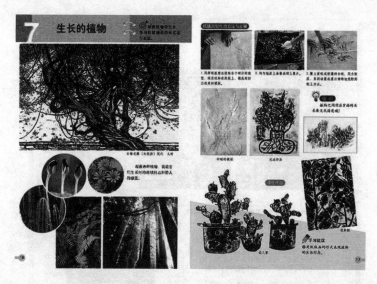

图4-6 浙江人民美术出版社出版的四年级下册中的"生长的植物"教材图

图4-7 校本课程"生长的植物"教材图

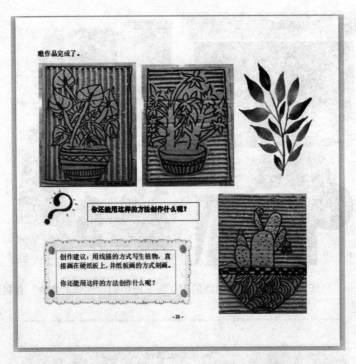

图 4-8　校本课程"生长的植物"教材图

将校本课程与国家课程的整合与穿插，可以体现课程的连续性、延伸性。让学生真切体会到艺术形式的多样性，感受艺术课程的趣味性，增加学习激情。

二、制定以自主探究动手实践的教学策略

教学是通过语言、文字、图像、视频、表情、动作等媒介和方式传递知识信息。在教学中需要帮助学生了解学习过程、掌握学习方法、形成创新意识。为了追求最佳的美术教学效度，我们从教学策略层面思考和筹划硬纸板创意美术课程的教学与实施。

（一）创设民主创作环境——自由选择作品形式

硬纸板作为创作的表现媒材之一，可以通过画、剪、刻、撕、折、编、插等手法进行不同的作品创作。教材中会给一些学习建议，实际上课情况中对作品的呈现形式进行拓展，可以将硬纸板作品拓展为以下三大类。但每一种作品形式并不局限，同样的主题可以进行不同形式作品的创作。教师给予学生自主选择的权利，创设民主的创作环境，不压抑创作想法，让学生尽情表达，从而激发学生学习兴趣，增强对美术学习的信心。

1. 平面作品的绘制

作品的平面呈现是指创作出来的作品在一个水平面，并没有凸出的部分。在实际教学中，归纳为四种，一是运用其他彩纸或者废旧纸张直接拼贴在硬纸板上，呈现出平面的拼贴画效果。二是直接在硬纸板上进行绘画。三是结合以上两种，在拼贴的基础上添画。四是运用各种硬纸板的拼贴做成凹凸不平的效果，在纸上蘸上颜料进行拓印，制作成漂亮的美术作品。

2. 半立体作品的创作

半立体，指的是在一个平面上，运用废旧材料贴于表面，有明显的凸出部分。实际教学中，归纳为两类。一类是在硬纸板上进行其他材料的拼贴，具有明显的凹凸感。例如，二年级下册的"小画框"一课，是在硬纸板的框上进行黏土装饰。另一类是直接利用硬纸板拼贴达到高低起伏的效果，例如，三年级上册"夸张的脸"，将硬纸板剪裁成各种形状，拼贴出夸张的脸。

3. 立体作品的呈现

立体指的是以实体的形式放置在平面上，向我们呈现的空间构成作

161

品，是常见的手工作品形式。立体的手工作品较前两者更为直观，有一定的难度，但这也是学生更偏爱的一种形式。例如，二年级上册中的"站立的折纸动物"，三年级下册中的"小小建筑师"等。

图 4-9　平面作品示意图

图 4-10　半立体作品示意图

图 4-11　立体作品示意图

（二）开展合作学习策略——自主探究表现的方法

1. 同桌合作分工合作法

中高年级段的学生处于性格转型期，男生女生开始懵懵懂懂。小学生涯的同桌一般都是男女同桌，到了高年级段会出现腼腆、内向等情况。美术学习是一件开心愉快的事情，女生创作时比较细腻，男生的思维比较活跃，所以同桌男女组合一方面可以让同学间关系更加融洽，另一方面也可以缩短作品的创作时间，给作品更多的创意空间，提升制作有效性。在一些课时较紧张且一个人无法课内完成的作品中，就会用同桌合作的方式分工完成。

图4-12　同桌合作编制中国结

2. 小组合作创意最大法

我校高年级段班级都有小组合作的模式，不仅小组成员坐在一起，而且还有小组评比表。这样的分组为美术课程的合作学习带来了很多便利的地方。材料多的课程，小组需要分工带材料，耗时耗材的作品也需要小组合作来更快更好地完成。小组合作中，老师要明确每个学生的分工，每个人虽然都有每个人的任务，但是大家又是在相互合作的状态当中，在分工合作的过程中，大家互相沟通又提高了每个人的沟通能力，促进学生之间的交流和互动，让课堂动起来。美术这门学科本来就是一个有意思的学科，课堂上丰富多彩的合作创作，能培养出更多的学习乐趣。

3. 全校合作展示丰富法

美术作品的展览是增长学生艺术学习自信的有力途径，也是展示校园文化、展现艺术素养的有力平台，不仅美化了校园也增加了全校学生的合作性。硬纸板创意课程贯穿着学校的大小活动，学校的"六一纸板创意DIY活动"中，全校一起参与进行硬纸板的创意改造。艺术节创意周活动，"纸板变变变"的游戏课程等都会通过校园布置将成果展现在全校师生面前。这样的大型合作展现了全校师生的凝聚力，更有力地证明了大家的艺术素养。

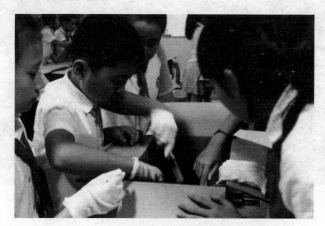

图4-13 小组合作进行硬纸箱创作

图4-14 小组合作完成"小盒子大舞台"

图 4-15　学校的六一纸板创意 DIY 活动

图 4-16　国庆全校合作作品"国家"展示

（三）组织多彩课程活动——落实学以致用的思想

1. 巧手创作，硬纸板点亮其他作品

在学习生活中，我们的学生经常需要做手抄报或者节假日的一些美术作品展示。参与过硬纸板创意学习的孩子感受到了硬纸板的艺术魅力，更能大胆地创作其他类型的作品。

图 4-17　利用硬纸板创作气象主题手抄报

图 4-18　利用硬纸板创作爱国主题作品

2. DIY 改变，硬纸板带来生活创意

生活中的硬纸板随处可见，硬纸板创意课程开展后，学生的环保意识大大提高了。经常会做一些 DIY 来装点生活，如手机架子、小夜灯、收纳盒、小房子等。

图 4-19　硬纸板 DIY 帽子　　　图 4-20　硬纸板 DIY 梳妆台

3. 酷炫表演，硬纸板丰富校园生活

深受硬纸板创意的熏陶，很多班级的展示活动也会选择硬纸板盒改造。如运动会出场仪式、班级文化展示活动、学校亲子展示活动、联欢晚会等。

图 4-21　硬纸板在班级文化展示上的运用

图 4-22　硬纸板在运动会开场中的运用

三、开展以多个平台为途径的评价体系

（一）表格自评法

以学生在美术学习中的客观事实为基础，注重评价与教学的协调统一，尤其要加强形成性评价和自我评价。既要关注学生掌握美术知识、技能的情况，更要重视美术学习能力、学习态度、情感和价值观等方面的评价。因此在课堂中会结合自定的评价表展开自评，老师根据学生的作品和上课情况展开师评。每一次评价都要紧扣教学目标和美术课程标准的要求，评价是否达到课堂有效度。

表 4-6   美术造型·表现领域评价表

学生姓名：		班级：		课题：	
作品创意性（自评）：				师评：	
作品美观性（自评）：				师评：	
课堂参与度（自评）：				师评：	
对老师提出的问题：					
自己可以改进的地方：					
教师提出改进处：					

在评价环节，需要给学生提供充足的参与课堂各种教学活动的机会，感受来自课堂、来自教师、来自同伴的支持和关注。在实际教学中会请几位同学到讲台上来分享他们的作品，通过材料、创意、制作方法的介绍让同学们了解他们的作品，并发表自己的看法。"演说家"式的评价方式，充分表现了课堂的"民主"。学生之间的相互评价没有严格的界限，只要是本堂课涉及的学习内容都可以进行相互辩论。这样的形式加强了同学间的相互交流，并能让作者在这种形式下不断改进、不断提高。

图 4-23   小组展示自己的作品

（二）展示评价法

因为课程时间有限，并不能对所有同学的作品进行评价。课后会将一些形式的作品展示出来，利用黑板报、书包柜、飘窗等地方进行展示。并在每一个作品前面放置小卡片，有兴趣的同学可以书写意见和打分，下一次课时老师根据实际情况进行奖励或对学生作品提出意见。

艺术展览对校园文化布置有着十分重要的作用，同样也对学生的艺术课程评价起着很重要的作用。当学生看到自己的作品展示在校园中，学习自信会油然而生；当学生给同伴们介绍自己的作品时，艺术学习的自豪感会越来越强烈；当家长知道孩子的作品得到学校重视，会更加重视孩子的艺术学习。

图 4-24 学生硬纸板、纸箱作品校园展示

（三）赛事激励法

鼓励学生参加各类大大小小的美术比赛。在课堂中收集好的创意，收集好的作品。在课后一同探讨好的思路，采用个人或者合作的方式参与各类美术比赛。一张张证书、一本本宣传画册不仅是对学生学习创作的肯定，更是对其未来学习的鼓励和支持。也是对老师、对学校的认可和鼓励。但是在参加比赛时还是要本着学生创作为主，本着重在参与的心态，切不可太急功近利。毕竟美术教育陶冶的是情操，滋养的是素养，而不是为了培养比赛选手和艺术家。

第五节　优势互补：基础学科课程的跨越整合

"三色堇"元气培育课程体系的构建与实施是堇山小学提升学校品质内涵、构建学校品质课程、满足学生兴趣、发展学生个性、实现高品质学校理想的有效平台。"三色堇"课程围绕学校"三爱三会"的育人目标，以开拓视野、培养兴趣、促进个性发展为宗旨，以认知规律为基点、以能力培养为主线、以过程体验为重点，对各个层级、各个学科的课程进行优化融合。

基础课程整合，是课程改革中的最大难点，在课程的体系构建上我们首先从形式上进行整合。我们结合学校实际，将基础课程优化整合形成了六大领域，即语言与阅读、科学与探究、体育与健康、艺术与审美、品德与生活、习惯与整理。并将《人与自然》《小公民》《弘德敬廉》等地方课程与国家课程进行整合。在课程安排上，我们依据国家课程标准要求，不增加周标准课时数和周教学时间总量，不减少品德、体育与健康、艺术、综合实践活动等课程和活动的平均周课时数。

传统的教学，以学科为基本呈现单位，教学的系统性、针对性很强。但知识分化现象尤为突出，学科与学科之间分离，学科与生活脱节，学科与学生的兴趣和需求背离。以活动为主体的课程强调学生的兴趣与需要，课程设计以学生为中心，但过于夸大了学生的经验。如何在两者之间找到契合点，形成学科课程与活动课程的优势互补，优化现有课程，董山小学从"跨学科主题教学"的探索与构建出发，探讨基础学科课程整合的基础、思路和方法，以期对学校层面的课程整合提供借鉴。几年来，在开发、融合学科拓展课程和学科特色活动过程中，我们按照国家新课程改革的要求，结合自身的办学理念和基础条件，尝试开设了英体（英语和体育）整合课程等跨学科整合课程的探索实践，并取得累累硕果。

图4-25 教研组进行英体整合课程探索

英语课程是以英语的形式来组织教育内容的一种课程形态，体育课程是以体育活动的形式来组织教育内容的一种课程形态。在探索英体整合课程的道路上，董山小学英语教研组和体育教研组相互合作，初步形成了一个主题化的教研活动，并走上了正规的教学创新模式。英体整合课程挖掘和利用了两门课程的有机联系，将英语课程和体育课程进行整合优化，通过实践探索创生出英体整合课的教学模式，编写《小学低段英体整合课程》的校本教材，探讨有效教学方法和评价方式，从而为学生学习发展提供一个最佳的课程内容。

董山小学在一、二年级开设了每周三节的英语课程和每周四节的体育课程。在原有体育课和英语课的基础上，学校另外提供了一节由英语教师和体育教师共同完成的英体整合课。游戏是英语课堂和体育课堂的重要支撑点，也是两门课程的有机联系点。英体整合课通过挖掘和利用英语知识与体育技能之间的有机联系——游戏，将英语知识融入体育游戏活动中，实现了体育课程与英语课程的有效整合。

一、以游戏为切入点，建构英体整合课程的教学内容

英体整合课程抓住游戏这一共同点，将英语知识的学习融入体育游戏中，体育游戏本身是一种教学内容，同时又是英语知识的载体。在教学内容的安排上，按照体育与健康课程标准水平一的运动技能要求，结合学龄初期儿童身心特点选编了每节英体整合课一个技能主题式（走、跑、跳、投、球）的体育游戏作为英体整合课的教学内容。同时，根据一、二年级英语教材的编排顺序，以复习为主，根据主题游戏开展，以适当穿插新知为原则，确定了英语知识教学内容。

表4-7是小学低年级段英体整合课程四个学期、每学期十六次、每周一次的英体整合课课程内容安排：

表 4-7 低年级段英体整合课课程内容安排

内容 / 学期		一年级 第一学期	一年级 第二学期	二年级 第一学期	二年级 第二学期
走类游戏	直线走	走白线 book ruler pencil	走独木桥 uncle aunt	蜈蚣走路 I can walk.	模仿各种动物走 What can you do? I can walk.
	曲线走	走绳 rubber pen bag	自然地行走 grandmother grandfather	走过小树林 It is red.	各种方式曲线走 What colour is it? It is red.
	合作走	手拉手合作走 one two three	前后搭肩走 frog rabbit cat	双人走接力赛 My name is…	齐排走 What's your name? My name is…
跑类游戏	快速跑	一马当先 four five six	勇往直前 butterfly bird bee	奋勇杀敌 I am …years old.	吸纸跑 How old are you? I am …years old.
	往返跑	触线跑 face eye ear	换物跑 red blue yellow brown	拨区号跑 I am a post- man.	地雷记分 Are you a postman? Yes, I am a post- man.
	接力跑	持物接力 mouth nose arm	抱球接力 green pink purple orange	背人接力 She is a driver.	双人跑接力 Is she a driver? Yes, she is.
	追逐跑	叫号赛跑 apple orange pear	唤人追拍 postman driver fireman	十字接力 It's … o' clock.	狼来了 What time is it? It's…o'clock.

续表

内容＼学期		一年级 第一学期	一年级 第二学期	二年级 第一学期	二年级 第二学期
跳类游戏	双脚跳	各种动物跳 lemon melon peach	青蛙跳 policeman tall short	快快跳起来 I like frog.	连续并脚跳 What animals do you like? I like frog.
	单脚跳	跳房子 taro moon bean	螃蟹捉虾米 doctor nurse cook	跳进圈拍人 I live in Shang-hai.	蜂进巢 Where do you live? I live in Shanghai.
	合作跳	合作跳短绳 leaf mooncake autumn	火车赛跑 driver old young	两人三足跑 I like fish. I don't like chicken.	各种方式跳 Do you like fish? Yes, I like fish. No, I don't like fish.
投掷类游戏	投远	叫号接球 father mother brother	春种秋收 farmer fisherman teacher	看谁得分多 I see a bird.	炸碉堡 What do you see? I see a bird.
	投准	冲过封锁线 apple orange banana	炸敌营 fat thin	击木桩 I have got a duck.	打野鸭子 Have you got a duck? Yes, I have got a duck.
球类游戏	篮球	左右手拍球 father mother brother	运球 cake sweet ice-cream	传接球 I like to play.	打龙尾 What do you like to do? I like to play.
	排球	传递球 sister me	传球触人 jelly milk coke	夺球战 I like to eat wa-termelon.	西瓜空中飞 What do you like to eat? I like to eat water-melon.

续表

内容＼学期		一年级第一学期	一年级第二学期	二年级第一学期	二年级第二学期
跳类游戏	足球	滚球接力 bicycle doll ball	打旱鸭子 meat fish chicken	打活动靶 I go to the park by bus.	坚守一方 How do you go to the park? I go to the park by bus.
	乒乓球	原地托球 slide swing balloon	托球接力 rice noodles soup	原地颠球 My hobby is playing ping-pong.	颠球接力赛 What's your hobby? My hobby is playing ping-pong.

从上表我们可以得知小学低年级段英体整合课程的教学内容安排从两个方面体现了学生学习品质的提升：一是体育游戏活动难度的横向提升，比如，乒乓球类体育游戏从原地托球、托球接力、原地颠球到颠球接力赛，四个学期的学习内容难度逐步提升。二是英语知识的教学由一年级的单词转变为二年级的句子和对话教学，学习内容难度横向提升。

二、以游戏来驱动教学，优化英体整合课程的教学模式

根据教学内容安排，英体整合课的教学内容包含了五类技能主题式（走、跑、跳、投、球）体育游戏和相关英语知识。该主题式的体育游戏既是英体整合课程的教学内容，同时是巩固英语知识的载体。除了这个主题游戏，教师通过其他辅助游戏来进行热身运动、新知操练和放松运动。针对游戏这一关键点，我们设计了游戏驱动课堂的英体整合课程教学模式，如图4-26。

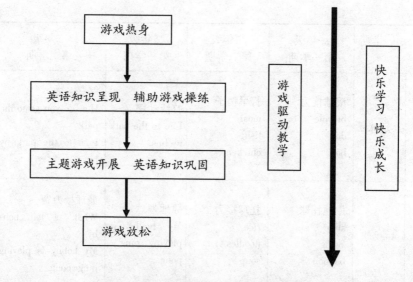

图 4-26　游戏驱动课堂的英体整合课程教学模工

　　英体整合课程教学模式是根据英体整合课程不同课型设计基础上总结出来的教学模式。它是一套可供示范、操作和传播的相对稳定的范型。

图 4-27　学生们在进行英体整合课程实践

图 4-28 学生们在进行英体整合课程实践

三、以主题来协同融合，构建英体整合课程的操作模式

英体整合课程的教学模式是游戏驱动教学。在此基础上，结合具体的教学内容，英语教师和体育教师围绕同一活动主题，相互默契配合，开展英体整合课程教学实践。下表是"狼来了"一课教学案例分析。

表 4-8 "狼来了"教学案例分析

教学步骤	教学过程	教学效果
一、游戏热身	（1）英语教师讲解"数字抱团"的游戏方法和规则：教师喊出任意一个 1 到 12 的英文数字，相对应的人数抱成一团。没有顺利抱团的学生算失败。 （2）体育教师带领若干学生进行游戏示范。 （3）示范后，学生以顺时针方向绕半个篮球场慢跑。学生在慢跑过程中开展喊数抱团游戏。	"数字抱团"游戏不仅操作性强，同时为枯燥的慢跑带来新意和趣味，并且在慢跑中同时复习 1~12 的英文数字，为后面的教学环节做了铺垫。

续表

教学步骤	教学过程	教学效果
二、英语知识呈现辅助游戏操练	（1）英语教师教授 "What time is it? It's…o' clock" 这组对话。教师带读几次。 （2）学生初步掌握对话后，展开 "听数字下蹲" 辅助游戏操练。英语教师讲解游戏方法和规则：学生四列横队报数。全班学生齐问 "What time is it"，教师任意从一到十二的数字卡中抽取一张并展示，报序号与该数字卡一致的孩子快速下蹲并根据数字迅速回答 "It's…o' clock"。 （3）体育教师配合示范，学生进行游戏操练。	"听数字下蹲" 游戏简单、易操作，具有趣味性。在锻炼学生反应能力的同时帮助学生快乐地学习了英语知识。同时下蹲动作活动了膝关节，为下一步开展 "狼抓羊" 主题游戏做了铺垫。
三、主题游戏开展 英语知识巩固	（1）英语教师讲解 "狼来了" 的游戏方法和规则：篮球场中间的圆为狼窝，游戏开始时，羊群绕圈站在狼窝边缘齐问："Wolf, wolf, what time is it?" 狼任意回答 "It's…o' clock"。当狼说到 "It's twelve o' clock" 时，狼就可以出狼窝抓羊了。整个篮球场是羊的活动范围，篮球场已设置的四个角落为羊的安全区域，被抓住的羊则被关在狼窝，不得出来。 （2）体育教师和部分学生进行示范。 （3）学生开展游戏。	"狼来了" 这一主题游戏寓生动故事于活动中，紧张而又刺激，学生在活动中既巩固了英语对话，同时又提高了快速跑和躲闪能力，效果极佳。游戏中，学生按照游戏规则，扮演狼和羊，主动地说英语，用英语，大胆交流，提高了口语交际能力，体会了学习英语的快乐。
四、游戏放松	（1）体育老师讲解 "放松下肢练习——天气预报" 的游戏方法：刮风了，用双手拍拍手臂；下雪了，用双手拍拍大腿；下雨了，可以原地跑跑。 （2）学生和英语教师齐做游戏。	"放松下肢练习——天气预报" 这一游戏活动强度和操练密度都比较低，有利于学生进行放松并让心跳回归到正常频率，让学生以轻松愉悦的心情结束一节课的学习。

从"狼来了"这一教学案例分析中可知，学生在游戏中热身，在辅助游戏中操练英语知识，在主题游戏开展中巩固知识，最后在游戏中放松，游戏贯穿了课堂的始终，课堂的可操作性强。同时该堂课实现了三个教学目标：

一是体育游戏活动中，激发并培养学生学习英语的兴趣，提高了学生英语口语能力并提升学生的体育技能和素养；二是学生在情景化的亲身体验游戏活动中掌握、巩固和运用了"What time is it？It's…o'clock"这组英文对话，口语交际能力得到了切切实实的提高；三是学生在游戏活动中培养了竞争与合作的精神，让学生体验成功的喜悦，实现了帮助学生快乐学习、快乐成长的教学宗旨。

英体整合课程通过挖掘和利用英语和体育两门课程的有机联系——游戏，将英语知识的学习融入体育游戏中，实现了课程资源的有效结合。基于游戏这一整合支撑点，英体整合课程的教学内容包含了技能主题式（走、跑、跳、投、球）体育游戏和相关英语知识。学生在游戏中热身，在辅助游戏中操练英语知识，在主题游戏开展中巩固知识，最后在游戏中放松，游戏驱动了整个英体整合课堂的教学。英体整合课程可操作性强，学生参与积极性高，教学效果佳。在游戏化的环境中，学生发挥主观能动性，积极参与体育游戏活动，轻松快乐地学习英语，学习热情高涨。英体整合课程这一特色校本课程，让学生们热爱学习，享受学习，点燃了学生学习英语的兴趣，提升了学生的英语学习能力，更是推动了学校英语教学的持续发展。

第五章　锻造教学文化，扬品质教育之帆

——高品质学校建设的教学气质

第一节　任务驱动：项目化学习的设计与实施

　　课堂是教学的主阵地，更是学生学习力培养和提升的主阵地，是师生共同学习、共同生活、共同成长的学习共同体。近年来，我校一直坚定走课程改革与品质课堂之路。在落实立德树人的根本任务、进一步深化课程改革的今天，课堂想要把"知识为本"的教学转变为"核心素养为本"的教学，把以讲授为中心的课堂转变为学习为中心的品质课堂，必须大力推进学习方式和教学模式的改变。学科素养的落实不仅仅是教学内容的选择和变更，而是必须以学习方式和教学模式变革为保障的系统改进与深化。我们的教育应该适应社会的发展和整个世界的发展。如何把知识为本的教学转变为素养为本的教学，把以讲授为中心的课堂转变为学习为中心的品质课堂？我们要在这样的背景下去考虑今天的学习方式的革命。

　　项目化学习是当前全球教育中的一个热点话题，它是在一定时间

内，满足一系列特定目标的多项相关工作的学习掌握。项目学习所有项目都是真实的。每个项目都是独立的，学生参与到延展性的、复杂的、真实的问题解决中，接受挑战，主动探究，创造出某件作品并完成重要知识的学习。

深化课型研究，打造品质课堂。在聚焦提升学生核心素养过程中，我校围绕"三爱三会"的育人目标，基于课堂教学、综合和跨学科活动等，以多维融合策略来推进和实施项目化学习。下面以"甬上乡味"项目化学习为例进行介绍：

在烟火缭绕的甬城街头巷尾，诞生了宁波汤团、水晶油包、红膏炝蟹等林林总总的宁波味道，它们不仅珍藏着大量的个体记忆与情感，更承载着甬上美食文化的历史和底蕴。拓展性课程"甬上乡味"应运而生。该课程的推进方式为每一学年开展四个项目化活动，分别为"识"项目、"玩"项目、"研"项目、"秀"项目。四个项目以一学年为一个周期，依次开展，部分活动穿插进行，内容和实践难度螺旋式提升，让学生在玩中学，学中乐。

一、"识"项目，根植"文化因子"

识，即认识，相识，"识"项目是项目化系列活动的先导和基础，旨在引领学生初识美食文化，在课堂上初步了解宁波传统经典味道的基础上，让学生在品、写、赛的活动中，激发其进一步探究的兴趣，在潜移默化中根植甬上美食文化的基因。

（一）品经典之味，寻传统风俗

学生对宁波传统经典的味道进行品尝、鉴赏，从色泽、造型、味道等方面进行品鉴，在味觉体验中激发对美食文化的探究兴趣。宁波人的饮食规则顺应节令，最合时宜。如立春时节，荠菜春卷必上餐桌；又如时至清明的宁波，麻糍和艾青团两道点心必不可缺。我们顺着四时节令，选取了从正月到腊月最具地方特色的宁波味道，让学生尝尽世代相传的味道。

例如，清明时节，学校组织"清明时节雨纷纷"主题班会，在了解清明习俗的过程中，让学生尝一尝麻糍的味道，感受独特的宁波风味。正所谓"清明麻糍立夏团"，由于麻糍在宁波老话中谐音是"无事"，在宁波人心目中麻糍寓意平安无事，是宁波清明祭祀的主祭品。学生在品味麻糍的过程中，自然激发了其对宁波特有习俗之物的兴趣，并主动在清明节探寻麻糍的制作过程，让学生在品味中了解其背后的传统风俗和文化底蕴。

（二）写感触美文，寄最真乡情

学生根据课程学习所得和自身生活经验，用笔尖书写自己最真的情感。同时，教师在课堂上有机融合课本知识和甬上美食文化的知识，写一写自己喜欢的甬上美食以及与其发生的小故事，用笔抒发自己最真的感受，而后在同伴间进行分享交流。

例如，语文课本中有一单元提及家乡特色美食，要求学生写一段自己家乡独有的美食小散文。我们的学生用文字表达记忆深刻的汤圆、油赞子、咸蟹等特色美味，情感自然流露于字里行间。

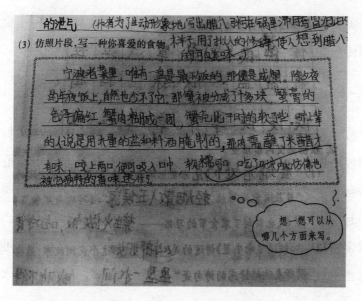

图5-1　学生写的美食小散文

（三）办知识竞赛，激探究兴趣

第一学期期末，学校举行"甬上乡味"知识擂台赛，通过班级初选，选出代表参加年级半决赛，胜出者参与最终决赛，激发学生主动探究甬上美食文化的热情。学生以四人为一个代表队，通过必答题、抢答题、附加题等多种题型，进行角逐，胜出的队伍获得"寻味宁波冠军队"称号，全场表现最佳的选手获得"最佳甬上小食客"称号。学生在竞争挑战中，自主探究甬上美食文化的兴趣得到激发。

二、"玩"项目，孕育"文化涵养"

"玩"项目，是在"识"项目的认识与拓展的基础上，通过身体力行地"玩"，进一步感受甬上美食文化的独特魅力，继而使其在心底孕育、滋长。"玩"项目主要通过劳动和自己动手制作，亲身参与宁波经典传统美食的前身、变身及呈现的变化过程，体会蕴含于传统食物中祖祖辈辈传承的乡情与亲情。

（一）播种耕种，了解前身

宁波温和湿润、四季分明的气候特点成就了不少优秀的原材料。我们利用校园中的"开心农场"，班内六人一组，负责对应当季植物的播种、耕耘。学生利用早晨和课余时间，对植物悉心照料。每两周教师与学生一起观察植物的变化，了解植物的习性与特点。在劳动中，引导学生发现宁波特色美食的前身与宁波当地的气候、环境有着密不可分的联系，也正是这不可复制的原材料，成就了千万游子内心不可磨灭的美食记忆。

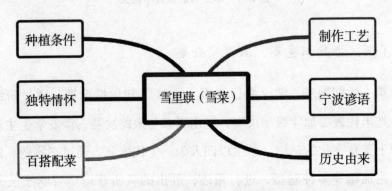

图5-2　以雪菜为例让学生了解美食文化

例如，雪菜的前身雪里蕻。宁波鄞州是"中国雪菜之乡"，学生通过种植雪里蕻，了解它的习性，进一步懂得宁波特有的土壤环境和气候条件造就了雪菜的前身。再通过了解雪菜的制作过程，从而了解其特殊的制作工艺和食材的来之不易。由雪里蕻延展出古代劳动人民的生活智慧，以及"三日不吃咸菜汤，脚骨有点酸汪汪"的特有情怀，让学生对雪菜的美食文化有了更为立体的认识。

（二）巧手制作，延展内涵

与简单地品尝美食相比，自己做出来的食材可能更具魅力，而"变身"更是宁波特色美食的核心。宁波汤圆制作技艺、邱隘咸齑腌制技艺等多种食物加工技艺已被列为宁波非物质文化遗产。我们借助传统节日，选择合适的制作对象。通过家长助教或德育活动的形式完成简单的食材制作。在奇妙的化学反应和巧手变幻中，体验美食文化的独特工艺。

例如，春回大地之时，班级组织学生进行包饺子活动，让学生在实际操作中了解每一道食材的来之不易。平日的饺子看似不起眼，但是经历了从和面、选材、拌馅、制作、烹煮这一系列的过程后，它所包含的意义已经超越了事物本身。孩子带回家煮的这盒饺子让孩子尝到了劳动的味道和珍惜的内涵。

图5-3 包饺子活动

（三）食物百变，挖掘底蕴

哪怕是一种食材，智慧的宁波人也有办法变换出各具特色的美食。我们在课程开始前，让学生确定食材主题，以5~6人的小组为单位。通过课前收集材料、小组讨论、汇总，课内以图片和故事的形式呈现"主题宴"，体验食材的多变和百搭，从而体味千百年来宁波人的创意和智慧。下面是其中一个小组整理的关于"苔菜"的主题宴表格和思维导图。

表5-1 "苔菜"主题宴表格

甬上美食主题宴	
汇报小组：406班日月星辰小组	
名称	苔菜（苔条）
简介	苔菜，学名浒苔，生长于宁波近海岩石或滩涂，风干后呈条状，故宁波人也称"苔条"。
特点	色泽翠绿、香气扑鼻、鲜美可口、食物百搭
古书记载	《四明志》："苔，海水中，如乱发，人采纳之。" 《赤城志》："苔，生海水中，出宁海古渡者佳。"
百搭食材	菜肴类：苔菜小方烤、苔菜拖黄鱼、苔条花生米等。 糕饼类：苔条米馒头、溪口千层饼、苔条月饼、苔条油赞子、苔条年糕等。

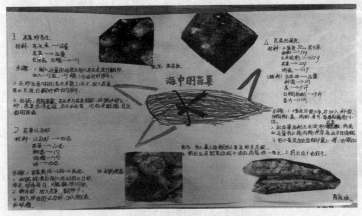

图5-4 "苔菜"主题思维导图

学生通过查找资料、整理汇总、小组汇报展示等活动，对甬上美食有了充分的认识和了解，同时还提升了学生的合作、创新、探究等综合实践能力。

三、"研"项目，悦纳"文化内核"

"研"项目，是在"识"项目和"玩"项目的基础上，根据学生自己的喜好和特长自主选择方案进行拓展提升的一个活动研修途径，使学生逐渐认同、悦纳家乡美食文化的内核。"研"系列活动，其最大的特点也就是钻研。该活动要促使学生激活研修的内驱力，需要有吸引学生的注意力的载体和形式，还需要让活动具备"活性"。面对不断更替的学生，前面的两组项目活动可以更好地吸纳新生，而提高老学员的黏合性，就需要以"研"项目化活动为手段，进行整合与输出。我们建立了以下三个项目团队。

（一）小讲师团，内传乡魂

我们成立"甬上小食客"小小讲师团，翻转课堂。每一学年的第二学期安排一到两次"小讲师带你寻味宁波"的活动，让5~6年级有一定学习基础的孩子，通过自主报名，组团汇报。以多人分工、小讲师多模块授课的形式进入新生的课堂，让经过一段时间学习的孩子去带领那些初入课堂的学生探寻甬上乡味的秘密。这既是一种期待，又是一种传承，它承载着宁波文化的传承，让学生真正成为活性传承人。

（二）小推广团，外拓乡风

作为一个活动的品牌，"走出去"也是我们的目标。我们鼓励并为学生积极开拓相关渠道，如在图书馆、新华书店、博物馆等地进行学生义务宣传、推广活动，组织"甬上小食客"推广团，让孩子们联系社会，把这些传统文化散播给同龄人或是来宁波探寻文化的外乡者，让孩子的推广成为宁波对外的一张响亮的名片。

例如，每年学校会接待来自即将读小学的幼儿园小朋友参观校园，了解小学生活。我们借此平台，让推广团的成员，为这些小朋友介绍他们眼中的甬上美食文化，让学生在推广中获得成就感。

（三）小绘制师，图载乡味

学校组织绘制个性化"'甬上小食客'美食地图"的活动。通过自主报名，以 3~5 名学生为一组进行抱团，合力通过走街串巷，寻觅身边的宁波美食。通过孩子的眼睛去发现，用孩子的笔墨去记录我们的地方特色。此外，优秀的宁波美食地图还可以作为本课程的教学素材，作为珍贵的教学资源，这也是我们推广宁波美食的重要依据之一。

四、"秀"项目，弘扬"文化情怀"

"秀"项目，是基于学生在前期三个项目化活动中习得内化的知识、体验，以静态实物、动态表演的方式秀出来，借助不同平台弘扬甬上美食文化的内在情怀。"秀"项目重在全员性参与展示，力求每个参与课程的学生都有机会参与其中一项活动。"秀"项目不仅仅作为一个活动开展，更主要是对前三个项目的一个综合实践展示过程，以此为载体，实现活性传承。我们开展了以下三个"秀"活动。

（一）展艺术作品，营造文化氛围

学校每学年末举办"甬上美食文化艺术展"，通过主题式征稿，学生自主报名、选材，让学生根据自己的喜好，发挥所长，将甬上美食转变为一幅幅精美的图画、手抄报，一张张设计精巧的"食味名片"，一个个精巧的手工艺作品等，在校园大厅、班级墙报、走廊等多处展出，这既是一种激励，更是一种传承，让校园浸润在甬上美食文化的意境中。

例如，班级组织"我为宁波美食代言"为主题的宁波老味道名片制作大赛，设计制作一张自己喜爱的宁波老味道名片，配上经典的插画和丰富的文字，等展出结束后，把它赠与同伴、老师、父母等，交流情感，让学生借宁波老味道名片将甬上美食文化宣传出去。

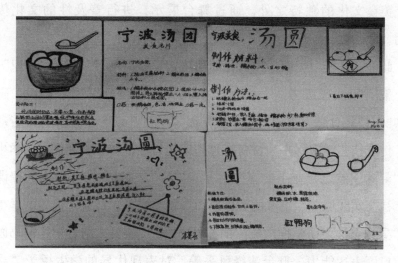

图 5-5　宁波老味道名片

（二）传有味故事，感受独特乡韵

我校每学年为 4~5 年级的学生搭建"我的甬食故事"活动平台，学生通过讲故事比赛，以传播"甬上美食"，弘扬"甬上美食文化"为主要目的，跟大家讲述自己与甬上美食碰撞出的火花，通过学生的亲身经历，引起同伴的共鸣，从而激发学生对美食文化的兴趣。学生通过参与活动，回忆了美食与我们生活的故事，了解了它一代代流传下来的故事，明白了它背后的文化内涵和底蕴，让每一个讲故事、听故事的学生都成为家乡美食文化的宣传者。

（三）秀精彩舞台，传承经典文化

学校组织各班参与以"传承甬上美食文化"为主题的班级秀活动。借助学校的"我型我秀"中舞台，以班级为单位，以全员参与的方式，通过节目排编，以孩子的视角出发，用他们的歌声、舞蹈、短剧去演绎甬上美食文化的独特之处，通过舞台展示，进行普及性的文化传承活动。

此外，我们根据四个项目化活动建立了对应的评价机制："识"项目，采用考试晋级方式，根据学生取得的成绩分别授予初级、高级"寻味宁波之食味百事通"称号；"玩"项目，结合学生的农场劳动成果、传统技艺学习水平和材料整合拓展能力等，对于表现优异的学生授予"寻味宁波之专业小食客"称号；"研"项目，结合学生的授课反馈、社会实践服务、录取的美食地图等相关成果，对表现优异的学生授予"寻味宁波之研学推广员"的称号；"秀"项目，结合学生的书画展评、口语表达能力、舞台演绎风采等，对表现优异的学生授予"寻味宁波之秀场小达人"的称号。

随着四个项目化活动在课程中的渗透和拓展，学生对于课程的期待越来越高，也对甬上美食文化的认识越发深入、全面、立体，拓展性课程融入项目化活动的形式，给学生以全新的体验和特别的收获。

第二节 深度互动：同伴合作学习的模式构建

《国务院关于基础教育改革与发展的决定》指出："鼓励合作学习，促进学生之间的相互交流、共同发展，促进师生教学相长。"日本教育家佐藤学也在《静悄悄的革命》一书中指出："学校应成为'学习共同体'，在教室中要实现'活动的、合作的、反思的学习'。"真正的教育不一定呈现于表面上的欢腾热闹，可能就是"拈花微笑"般的心领神会，发生在心与心之间的最短对接处，也就是源自师生间、生生间的深度互动。深度互动的课堂应该是师生学习的共同体。

"微型学习共同体"，简称"微共体"，就是指在一定组建原则的指导下，经教师引导学生自主选择几个学习同伴而组成的有共同的学习目标、集体荣誉感、相互协作、相对稳定的紧密型学习团队。微共体成员之间既有学习关系（互帮互学的学习共同体），又有工作关系（团结协作的工作共同体），还有情感关系（亲密友爱的情感共同体）。通过倾听与思考，在相互促进与学习的氛围中，不断提升学生探索与求知的能力。

高品质的教学应该走入学生的心灵深处。高品质课堂源自师生间的深度互动。微共体学习是一种创新的互动教学形式，它充分开发了学生的自身资源，体现了生本理念，有助于培养学生的团队意识，这一模式广泛应用于我校的语文、数学、外语等课堂教学中。以英语学科为例，我校教师充分借助"微共体"这个平台，将其与英语学科的本质相融合，从各个方面充分挖掘英语微共体的作用，从而构建特色课堂，不断提高教学效率。

一、搭建学习平台——营造融洽的合作氛围

教学的实质是交际，是师生之间、学生之间的思想感情和信息的交流。小组合作是"微共体"合作学习建设的重要环节，建立科学有效的"微共体"小组也是开展合作学习的前提与基础。只有合理的分组才能发挥学生学习的积极性，保障"微共体"成员合作学习的效率，提高学生的学习能力以及合作能力。

（一）小组人数"适量"化

随着新一轮基础教育课程改革的推进，很多老师都将合作学习运用到自己的英语课堂教学中，并取得了显著的成果。但也有一些客观因素存在，比如班级容量大等因素的制约，导致出现顾此失彼的情况，学生的合作意识不强，互相配合不默契，合作的内容不丰富，这些都使合作学习只停留在表面，学习的效果不尽如人意。

我校在组建"微共体"时一方面充分考虑到学生的参与机会，让每一个成员都能有足够的时间和机会去展示自己，另一方面也充分考虑组员分工的合理性，人数过多或过少都达不到目的，一般将成员控制在4~6人。

（二）合作团队"均衡"化

如果说班级是一个以学习为圆心、合作为半径的学习共同体大圆，那么几人一体的微共体就是大圆里的一个个小圆，每个小圆相互交集，组成班级这个大圆。微共体实际上就是学习伙伴联盟，它的构成必须是异质分组、均衡分组，才能使这个共同体具备差异性和互补性。异质分组、均衡分组即注重考察学生的实际情况，充分考虑到学生的学习成

绩、性别、性格、能力差异等因素，进行合理的协调。这样的微共体团队的结构包含强、中、弱三个层次，在课堂学习中他们优势互补，相互协商，共享资源，一起进步。

例如：A 同学擅长演讲，B 同学比较内敛，C 同学具有较强的组织能力……性格内向与外向的，知识面狭窄与知识面广阔的，学习成绩拔尖与学习成绩落后的，思维活跃与思维懒散的，表现欲强与表现欲不强的……我让具有不同思维特性、性格特征和掌控能力的学生们相互交叉组成一个微共体，使学生们整体看来有机融合，增进合作，真正做到互补。

表 5-2　305 班微共体信息表

序号	微共体名	微共体成员
1	Apple	Kevin、Eric、Ken、Linda、Luke
2	Strawberry	Steven、Anna、Elsa、Bruce、Daniel
3	Banana	Tiger、Sean、Peter、Dana、William
4	Orange	Sam、Eason、Simba、Lucy、Eva
5	Watermelon	Sunshine、Lion、Nora、Alan、Oscar
6	Pear	Cara、Ka ka、Annie、Alex、Amy
7	Peach	Cindy、Mario、Joyce、Mark、Dora
8	Grape	Cherry、Alisa、Carrie、Len、Leo
9	Pineapple	Wendy、Martin、James、Daisy、Alice

（三）后续分组"微调"化

微共体小组既要保持小组成员的相对固定，以培养他们的团队意识和合作意识，也要根据不同阶段，具体问题具体分析，及时发现由于小组成员问题而造成的影响学习的苗头，笔者始终用发展的眼光看待每一个学生，根据不同时间，不同学习任务，会对微共体成员间进行适当的调整。

例如：在第一次分组后，经过一段时间，一些微共体小组内暴露出一些小问题。可以在分析问题发生的原因基础上，马上对个别小组的微共体成员进行微调，随时充分关注各小组合作学习的情况，有助于小组成员间的合作开展得更为顺利。

二、鼓励全员参与——培养必备的合作技能

很多时候合作学习的有效性常常让我们产生怀疑：有的课堂看似全员参与，实际上是好学生的天下，学习困难生"袖手旁观"；也有的课堂气氛看似很活跃，实际思维含金量很低，学生相互合作效果差；还有的课堂把合作学习作为一种形式，一种点缀，学生还没有真正进入合作学习状态，教师就草草收场。

（一）大课堂，人人参与

微共体让每一个孩子都成了活动的主角。因为活动团队微小，只有4~6个人，所以可以关注到活动中的每一个个体，真正体现了活动中的每一个个体都是主角。为充分发挥每一位学生的优势，发挥优化组合的整体功能，可以在微共体内设置各类小组长，或者设立小组长轮流制，汇报代表轮流制，这样人人有职位，人人都是学习的主人公，学生参与微共体合作的热情便会高涨，锻炼的面也会更广。

一段时间以后，我们会惊喜地看到学生由"我"变成"我们"时带来的可喜变化，"合作借力，协同学习"的合作精神已成为微共体的

核心价值。有时，在全班性活动中被忽略的个体，往往能在微共体活动中受到关注，其隐性的能力会得到充分的培养。原来，能给学生真正带来成长的是他们的同伴，在同伴的支持和引领下，即使学习任务具有一定难度，也有可能实现所有的学生都成为学习的主人公，学生们全神贯注地投入，没有一个被排除在微共体这个团体之外。

图5-5 人人参与微共体合作

（二）新技能，你我共学

学生因为缺乏必要的合作技能无法进行合作，从而会直接影响微共体的顺利进行，甚至严重影响教学效果。为此在进行教学时，可以根据小学生的特点，不断向他们灌输"合作学习"的思想，并且向学生传授"合作"的技能，做到要求具体明确，指令清楚，使学生具备"合作"的思想和技能。成员分工后，在各自岗位上进行认真准备，然后通过合作完成，学习主观能动性得到充分发挥。

例如，让微共体成员进行合作表演对话前，教师可以给他们提供一些核心句型，给他们一些合作建议，以培养他们的合作技能。

（三）妙引导，保驾护航

老师的指导作用不仅表现在微共体形成的过程中，更要贯穿于微共体合作学习的方方面面。小学生的年龄尚小，合作意识及团队协作能力尚未成熟，完全单独让学生自己组织合作学习，很大的一种可能就是无疾而终，白白浪费宝贵的学习机会和学习时间。老师的监督以及指导是保障微共体合作学习取得良好效果的关键，要努力地发现学生学习过程中出现的问题，并且对于出现的问题及时给予帮助，激发学生创造性的思维，以便更好地开展合作学习。作为引导者，在课堂中，微共体成员合作时，笔者一直默默观察守护着每一个学生，并及时出现在需要帮助的学生身边。

例如，当微共体成员间融洽进行合作时，教师可以在一旁做安静的观察者；当微共体内部一时争执不下时，教师应该做临时法官及时调节；当微共体交流出现冷场时，教师应该做临时组长及时点拨。

三、运用多样形式——开展深入的合作探究

"微共体"合作学习，促使学生的学习任务由过去的个体化转向个体化与合作化相结合，学生之间的关系由过去的竞争关系转向合作关系，为了更好地完成学习任务，培养合作能力，学生可以采取多种形式的微共体合作。

（一）讨论交流型

主动的课堂需要以问题驱动作为学生学习的动力源，让学生产生学习的欲望，全心投入积极思考的活动中。讨论交流正是微共体合作学习最常用的一种形式。当老师提出一个问题后，微共体成员间首先是聚焦问题，确定分工；其次是自主学习，独立思考；再次是微共合作，交流统整；最后是汇报交流，分享成果。

在这一过程中，学生通过主动学习已经有了自己的想法，但是想法的正确性和多元化就需要同伴的互动来解疑。学生通过"你是怎么想的？""你的理由是什么？"等问题开展微共体内部的互动交流，同伴在

认真倾听中，比较自己的想法，形成更完善的方案。在倾听交流中，有的想法被肯定，有的想法被完善，有的想法被质疑，不同的想法交流出更新的、更好的方法。在此环节中，学生或静或动，或说或听，自由地发表自己的观点，学会了倾听，学会了分享，营造出平等、自由、融洽的课堂环境。在讨论交流中，学生学会了尊重，增进了友谊；在讨论交流中，学生学会了沟通与表达；在讨论交流中，学生学会了合作与分享。

（二）合作教学型

在学习过程中，有些简单的问题完全可以由学生轮着当小老师进行教学，效果明显。这一微共体合作形式有其自身的运行模式：首先是课前选定小老师进行培训；其次是微共体合作，自主教学内容；再次是教师随机抽检，检查微共体小组的教学成果；最后是查漏补缺，小老师在组内纠正强调。

图5-6 微共体成员开展合作表演

（三）团队表演型

小学英语的学习，很多内容适合让学生通过自主表演的形式来巩固文本，运用于生活中。因此，微共体合作组织课本剧编演是一个很好的选择。课本剧角色丰富，需要每个同学参与其中，在课本剧的创作、编排、展演过程中，微共体成员间相互协作，学生在饶有兴趣的表演、品味中，收获知识、提升素养，通过不断地碰撞、磨合稳固彼此之间的配合与协作。

四、坚持多元评价——凸显别样的合作效果

学生是学习的主体，也是评价的主体，小学英语教学要体现评价主体的多元化和评价形式的多样化，关注学生综合语言运用能力的发展过程以及学习的效果。因此微共体合作学习评价需要做到以下三个结合，全面合理地评价学生。

（一）集体评价与个体评价相结合

为了在合作学习过程中，能够顺利发挥每个成员的最大潜力，实现共同目标和个人目标的辩证统一，在微共体合作学习中，我们采取集体评价和个体评价相结合原则。集体评价结合个体评价能激发学生学习热情，增强学生集体荣誉感，使学生之间互补、互学、互帮、互促，达到共同提高。

例如，在课堂引入评分机制，小组合作回答正确的加5分，小组内有人表现突出的加1分，答案有创意有新意的加1分，这一评分机制的引入使小组间的竞争性、集体荣誉感得到了增强，更增进了学生间的团队合作意识。

（二）生生互评与教师评价相结合

传统的评价注重教师评价，缺少生生互评，忽视了学生的情感需要及自身特点，造成了学生学习的积极性下降。在微共体合作中，教师评价结合生生互评，评价主体的多元化明确了学生作为评价者的主体地位，体现了评价主体的多元民主性，使评价更具全面性。

例如，在评价一个团队的学习过程和学习展示活动中，教师可以采取全班投票法。每个学生有一次投票的机会，要求公平公正，不能投给自己的团队。

（三）过程性评价与总结性评价相结合

为了更好地关注学生的发展，促进学生的发展，在微共体小组合作学习中，对于学生的评价，不仅应注重对学习结果的评价，更应注重对学习过程的评价。关注教学过程中学生合作学习的过程，通过对学生的发展过程的关注和引导，及时地对学生的学习质量水平作出判断，及时给予学生反馈。

例如，当几人一体的微共体在共同学习、表演、对话、展示等学习过程中，教师可以适当地使用一些激励性语言，这样既能起到正面引导的作用，又有激励性的效果。

以微共体为平台的合作学习模式为我们老师提供了课堂教学变革的新视角，也为施展学生们的才能，让他们在主动学习中思考，在互动交流中合作，在灵动碰撞中提升，最终构建出主动、互动、灵动的品质课堂提供了有力的支撑。

第三节　视点融合：学科美育渗透的实践例举

　　高品质学校建设是学校的时代答卷，其核心指向是"人"的高品质，培育学生品质的行动方略是"五育"并举。中共中央、国务院发布的《关于深化教育教学改革全面提高义务教育质量的意见》，其核心内容是落实"五育"并举，实现立德树人。坚持"五育"并举，是促进学生全面和谐发展的实践平台。高品质学校一定是以促进人的全面和谐发展为出发点和归宿点的，高品质学生的样态应该是德智体美劳全面和谐发展，具有健全人格。

　　艺术教育是美育的核心，并具有极其重要的地位。学校艺术教育对立德树人、文化传承和审美培养具有举足轻重的作用，通过音乐、美术等学科美育融合教学的研究，是学科价值充分彰显、审美育人功能充分发挥的必经之路。学科美育课最关键，也是最难的一点，是学科知识视点与审美视点的有机融合。在以往的美育课程或学科课程与教学中，存在一个很难愈越的障碍，就是在不同学科课程的内容之间，乃至同学科的不同课堂教学之间，很难构建一种内在逻辑联系，从而让课程与课程之间、课堂与课堂之间有机联系起来，形成内在序列和系统。由此，我校在高品质艺术教育打造的目标引领下，秉持学生发展"核心素养"理论，对创造性小学音乐课堂类型进行了不懈的探索，提出了"创艺美善"的美育渗透教学创新策略，凸显了学生的自主学习、过程体验和能力提升。

　　了解音乐教育不只是让学生获得各种知识的滋养，获得音乐带来的"美"的享受，更要丰富他们对世界的感受和体会，发展他们对生命意义的深彻感悟，我们通过创设开放的、个性化的情境及各种体验方式使学习者成为自我生命体验者和开创者，自发主动地去探索生命的真善美，从而达到音乐教育"向善"的真正目的及功能。

一、个性发展教学法：以自主学习为基点

（一）依托于听觉的"耳听八方"，感悟音乐的形象美

听是音乐艺术的基本特征，音乐艺术的一切实践都必须依赖听觉。音乐是听觉的艺术，它是依靠乐音的高低、长短、强弱和音色对比、变化，有规律地组织起来，形成音乐形象，通过听觉器官来感受的一种艺术。这一教学策略旨在把由音乐听觉引起的音响感知、感情体验、想象联想与理解认识结合起来，融会贯通，帮助学生逐步获得高水平的音乐听觉能力，感悟音乐的形象美。

例如：在《中国人民解放军进行曲》的教学中，我们当然可以从曲名、歌词中理解其内容，但音乐本身也生动地塑造了战士们行进时英武豪迈的形象。歌曲的引子使人想起嘹亮的军律，上行模进的音调，休止符、附点、切分节奏的应用，给人一种雄伟而坚韧不拔的感觉，人们从音乐中感受到一种无比的力量和豪迈、威武的气质。于此之上，无往不胜的解放军音乐形象跃然纸上。而这一切感受的基础，全部来自聆听。

（二）借助于视觉的"眼观四路"，领悟音乐的曲式美

这一教学策略旨在借助旋律图形谱，把聆听到的音乐旋律要素，如结构、音型、旋律特征、旋律走向等进行记录、分析、概括，然后抓住乐曲的主要特征要素，通过反复推敲，设计恰当的视觉符号把这些音乐

特征和音乐感觉表现出来，以视觉提示帮助学生体验、分析、理解、感受、记忆，领悟音乐的曲式美。

1. 以图为导，感知音乐

图形谱记录了一切听者所关注的音乐要素，包括旋律、节奏、力度、曲式结构，甚至是织体。在图形谱中，我们可以清楚地看到音乐是怎样发展的。因此它作为一条线索，在学生第一次接触这首音乐作品时，使其能比较容易地把握这个作品的全貌，很快地进入音乐中。如果没有这个线索，学生很快就会走神，更谈不上很好的情感体验。图谱在初步感知音乐阶段，无形中渗透了以下内容：音乐的结构和构成音乐要素的音色、音高、长短、音量。使学生逐渐地进入音乐，理解音乐。

2. 图谱为媒，参与音乐

图形谱作为一种符号，它最大的特点就是学生可以不经过任何技术操练准备，通过已有的经验与理解，直接加入到音乐中去，不受束缚地参与音乐。因此，图谱的另外一个效能就是图谱为媒，让学生参与体验，参与创作，通过图形谱、律动、合奏等方式更深入音乐之中去体验音乐。

3. 分布呈现，补充听觉

同一张图形谱通过教师不同的使用方法呈现了不同的使用价值和教学效果，如前面讲到的一次性呈现，可以起到整体感知音乐、体验音乐的作用。如果分布呈现，则可以帮助学生更加细腻地分析、理解音乐，更深刻地领略到音乐中的美。这种比较适合用在某个段落或主题时，分布呈现，补充听觉上的体验，听觉与视觉立体结合，音乐特征一目了然。

4. 自创图谱，表现音乐

图谱的创编不一定要教师才能完成，通过教师的引导，由学生进行图谱的补充或创编，也可以让学生自主完成创编，让学生在主动探索和发现的过程中培养多层次的思维能力和创造能力。在创造的过程中学生不仅发挥自身的才能，更加深了对作品的理解，可谓一举两得。

例如：《跳圆舞曲的小猫》是一首由安德森创作的管弦乐作品。乐曲曲调诙谐有趣，描绘了一只天真可爱的小猫在音乐的伴奏下跳起美丽了的圆舞曲。乐曲为（A+B+A1）的三段体结构，因此教学的重难点就是分析不同乐段的音乐要素，掌握曲式结构。在教学过程中，可利用图形谱将流动的音乐视觉化，根据节奏及音高画出不同颜色、不同线条、不同高低的旋律线，巧妙地构成生动美观的"小猫跳舞图"，从而帮助学生解决本课的教学难点。

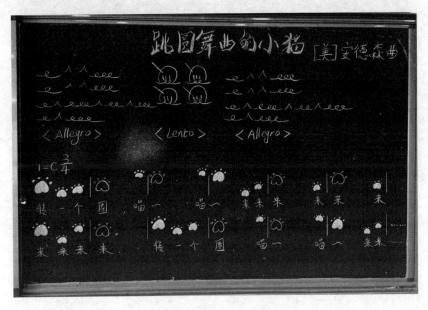

图 5-7　音乐图谱示例

（三）着重于动觉的"体验表达"，体悟音乐的动作美

动作这种行为方式是人类最为本能的表达。因此，将自己感受到的

音乐信息通过动作予以表达可谓是最直接有效的表达方式，而有意识地体态律动方法就是直观地对音乐进行体验和表达。这一教学策略旨在以身体为乐器，利用动觉开发学生的音乐潜能，体悟音乐的动作美。

例如：球类活动。感受"拍球"与"滚球"的力量，用这些动作表现"断奏地"（Staccato）和"连贯地"（Legato）音乐表情记号。

图 5-8　曲谱示例

图 5-9　断奏地（Staccato）

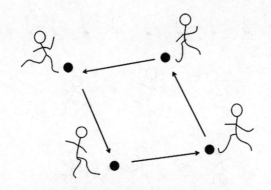

图 5-10 连贯地（Legato）

二、巧引开拓教学法：以过程体验为抓力

音乐是声音的艺术、时间的艺术、听觉的艺术、情感的艺术。音乐具有不确定性和不可指向性的特点，因此，音乐的本质决定音乐需要体验，而音乐学习的过程本身也是一种体验的过程。

（一）立足于时间的"聚沙成塔"，体会音乐的节奏美

音乐是时间的艺术。音乐中节奏、旋律的进行和流动都以时间作为载体，动作所经过的路径代表音乐经历的时间。在音乐中，时间可以表现为节拍、节奏、时值、速度、乐句、表情记号、休止符等。这一教学策略旨在用动作的快慢表现音乐时值的长短，用动作时间的改变表现音乐速度的快慢，用连续不断的动作或停顿的动作表现音乐时值或休止符，体会音乐的节奏美。

例如：听辨拍号的变化。要求：当手鼓演奏时根据时值长短在空间中行走，听辨重拍的位置并感受拍号。根据拍号组成对应拍号数字的小组。

207

图 5-11　准备阶段

图 5-12　三拍子

图 5-13　五拍子

（二）依附于空间的"游刃有余"，体味音乐的旋律美

空间概念是"动作三元素"中又一非常重要的关键。这一教学策略旨在用动作的空间路径直线或曲线来表现音乐旋律线与装饰音，用空间位置的上空间或下空间来表现旋律线的上行和下行，体味音乐的旋律美。

例如：跟着旋律线行走。要求：掌握音乐的音高走向，利用空间的向前、向后、向两旁等方向，感知音乐旋律。

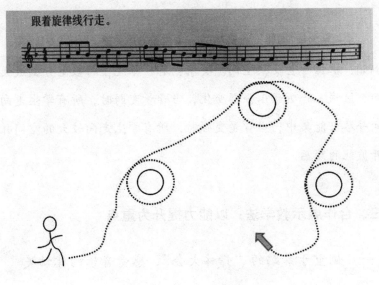

图 5-14 曲谱示例

（三）依靠于力量的"得心应手"，体验音乐的形式美

力量在音乐上的表现形式主要集中在力度记号、表情记号、音量大小等方面。这一教学策略旨在通过身体的松紧状态或借助教具的使用来表达力量的大小，体验音乐的形式美。

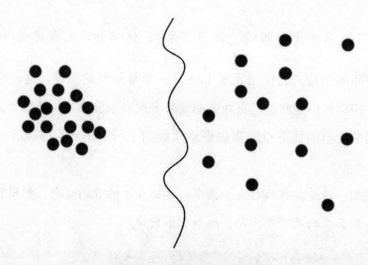

图 5-15　根据音量变换空间

例如：根据音量变换空间。要求：有一根绳子将教室分割成大小不同的两个区域。聆听音乐强弱变化，当音量变弱时，所有学生走向较小的空间并尽可能集中；当音量变强时，所有学生走向较大的空间并尽可能拉开彼此的距离。

三、合作展示教学法：以能力提升为重点

（一）侧重于舞蹈的"舞林大会"，感受音乐的律动美

卡尔·奥尔夫说："原本的音乐不是单独的音乐，而是和动作、舞蹈、语言的结合。"在艺术教育中，音乐和舞蹈有其不可替代的作用，两者在艺术教育中也是不可分离的，舞蹈是看得见的音乐，音乐是看得见的舞蹈。因此，这一教学策略旨在为孩子提供音乐"动作表达"的集中展示平台，鼓励想象，感受音乐的律动美。

例如：旋律作为构成音乐的众多要素之一，无疑是最具表现力的。

旋律中包括旋律进行的方向、动机、乐句结构、音区、音域等多方面的内容，我们可以让学生做出相应的律动来表现旋律的特点。如指导学生通过"高高地站着"和"低低地坐着"来显示《会跳舞的洋娃娃》的高音及《大象》的低音；也可以通过每个乐音的原地摇摆幅度来显示《会跳舞的洋娃娃》的轻盈及《大象》的笨重。

可见，律动作为音乐体验的一种有效途径和手段，强调从音乐入手，引导学生通过身体运动接触音乐的各个要素，达到身体各部分动作与音乐的协调统一，表现音乐的节奏疏密、旋律起伏及情绪变化的规律。

（二）聚焦于合唱的"天籁之音"，领会音乐的和声美

合唱作为一门音乐艺术教育的内容，在培养学生的身心健康、集体主义精神、提高学生审美能力等方面都起着重要的促进作用。这一教学策略旨在为孩子提供音乐"声音表达"的平台，注重融合，领会音乐的和声美。

例如：欣赏教学中，指导学生演唱主题旋律，从而感知作品形象是常用的教学手段之一，通常分为听前哼唱和听后哼唱两种。在作品完整欣赏前模唱主题不仅为欣赏作品打下了良好的基础，还使学生能进一步入情、入境地去体验作品，在完整聆听音乐时准确地听辨主题的重复和变化，更好地展开联想和想象，深层次地品味音乐，从中发展、积累音乐语汇，达到感受音乐、理解音乐的目的。而第二种方式则是当学生初步欣赏音乐作品后，对音乐作品有一个整体的印象，此时，让学生及时地演唱主题，也可以引领学生深层次地品味音乐，加深对主题旋律的印象，从中发展、积累音乐语汇。

（三）寄托于器乐的"琴韵飞扬"，感触音乐的音色美

美国著名的音乐教育心理学家詹姆士·莫塞尔说："器乐教学可以说是通往更好体验音乐的桥梁，它本身就是一个广阔的音乐领域。"这一教学策略旨在为孩子提供音乐"音色表达"的平台，强调配合，感触音乐的音色美。

例如：让每个孩子挑选一件打击乐器，创作一个四个乐句的节奏作品，每个乐句结束时有明显的收束感，每个乐句长度均匀。创作完毕进行展示演奏，并请全班学生评价。可以从以下三个方面展开评价：（1）作品有良好的节奏动感吗？（2）是否为四个乐句？（3）乐句的长度均匀吗？这样的创作方式还可以用于曲式结构的创编。又如，我们可以选择主题，如大自然的音乐——乌云闪过，扫过大地，清风掠过，雷在鸣钟，夏日阵雨，雨后彩虹。让学生根据不同的主题用合适的演奏乐器合作创作，表现情景。

演奏乐器给学生提供了一个更广阔的体验领域，能够使学生获得有价值的音乐技能，提高对音乐概念的理解。

新课程强调以学生的发展为本，音乐教育应当走向多元化。而基于核心素养的小学音乐"创艺美善"教学策略创造性地提出了以兴趣爱好为动力，倡导学生研究知识、发现知识，把知识运用于实践，培养学生的创造力。同时，要求老师必须充分调动学生的兴趣，让学生大胆地去想象、去表现，营造轻松愉快的教学氛围，通过各种途径和手段，让学生在感受音乐美的同时创造美，从而真正体会到音乐的美，体味"向善"的教育目的。

当然，在"创艺美善"教学实践中，我们还必须注意的是这一种策略不是外在的，而是像生活中其他任何一种体验一样，是内在的，是

个人在形体、情绪、知识上参与所得。因此它具备主动性、过程性、反思性、情境性四大特点。

1. 主动性

一定要强调学生的主动参与，使其自发地融入到教学实际环节中。学生不再是知识的单纯被动接收方，进而转变为主动吸收者，将客观知识"活化"乃至"生命化"。

2. 过程性

体验学习强调结果，更强调过程。因为过程是通往结果的大道，结果是过程的自然到达。因此，我们必须明白学习的旨趣不是先在于结果，而是先在于过程。

3. 反思性

体验生成反思，反思产生问题、探究、创造。因此，"创艺美善"教学策略的实施始终伴随着反思的过程。这种反思可能是在情境中使他们产生的某种联想，也可能是离开该情境后的回味、品尝、反思。

4. 情境性

不同的情境会产生不同的体验，不同的体验会带来不同的感受。因此，让学生去多方位、多角度地利用感官去接触情境中的事物。

第四节　引导自主：学习品质提升的浸润内化

建设高品质的学校，培养高品质的学生，离不开学生良好学习品质的培养。学习品质是一个人在学习过程中所表现出来的身心素质的综合。它伴随学习过程而存在，并制约学生学习效果的优劣。其包括学习兴趣、学习态度、学习归因三大核心品质和五大因素群。它对学习的影响是复杂的、综合的。它既可以促进有效学习活动的顺利进行，也可以阻碍良好学习活动效果的获取。具体地说，优良的学习品质对学习活动起推动作用。

学习能够点石成金、化璞为玉，强大的学习能力则能让人从平庸中脱颖而出，踏上人生闪光大道，奔赴心中的远大前程。在小学阶段，"强大的学习能力"不仅仅指向一般的识字、读书和学习的能力，而且指向更加重要的自主学习能力，学习和吸纳先进理念、先进思想的能力，把先进思想和理念转化为具体行动的能力以及拥有形成这些能力的优秀学习品质。

培养学生"强大的学习能力"是"培元教育"的重要项目之一，也是学校推进品质教学打造的有力举措。几年来，我们通过各种引导小学生提升教育品质的教育活动的探索构建，引导和促进小学生自觉主动预习、自觉主动整理知识、自觉主动处理作业。在积极开展引导性教育活动的过程中，同时也促成教师教育观念的有效转变，一起从"传授知识"走向"组织学习"，从"教授内容"走向"引导自主"，从"关注课堂"走向"关注学习的全过程"。以引导教育活动的开展为抓手，全面激发我校学生自主学习的兴趣，大幅度提高我校学生的自主学习能力，大幅提高教师的教育引导能力。

为了促进学生学习品质（自主预习、自主整理）的提升，充分激发引导性活动的意义，我们围绕"丰富化"作文章，分为两个层次进行开展，分别是核心活动推进和外围保障活动推进。在日常的教育教学过程中，主要以习惯养成型、评比激励型、榜样引领型、表演提升型来培养学生自主预习、自主整理的品质。而在外围，常态化的研讨活动和学校的制度化的保障，也为学生学习品质提升提供了强有力的支持。

一、立足主体——核心活动推进

（一）习惯养成型——在按部就班中养成习惯

习惯养成型即通过各项制度、要求的建立，让学生在长期的实践活动中逐渐形成的一种行为定势，促进自主预习、整理习惯的养成。教育就是培养习惯，这是我国著名教育家叶圣陶先生对教育本质的理解。习惯是一个人最重要的、最稳定的素质。任何一种能力的形成都是养成好习惯的结果。好习惯是健康人格的基础，是成功人生的根本，更是成功的捷径。养成良好的习惯对于小学生的一生发展来说具有重要意义。

1. 推行自主预习活动，养成预习习惯

为了更好地推动学生"学习品质"的提升，让其有更强的可操作性，学校推出了语文学科的"自主预习"活动。从二年级开始，语文学科就利用"三字文式"，三年级利用"自主预习单式"预习范式，引导学生进行课前预习。给学生提供有针对性的、有效的预习方案和预习方法，让他们通过预习探究，基本熟知学习脉络，为接下来课前预习报告和课堂的学习互动、智慧碰撞、疑难解答和低起点、快节奏、高循环的课堂教学做好全面的铺垫。

（1）三字文式

一、二年级由于是第一学段，而第一学段语文学习主要以读会字、词，读通句子为主，所以这是预习的主要任务，除此之外，还应在第一学段指向简单的质疑能力的培养以及初步的收集资料能力的培养。我们还注意到一、二年级孩子的年龄特点，以三字文的形式呈现。这样的三字文的形式朗朗上口，好记易理解，可以帮助学生形成预习意识，培养预习能力。

215

表5-3 三字文式预习范式示例

预习 三字文	课题	《恐龙的灭绝》
		预习提示
1	初读文 标序号	我先大声读一遍课文，遇到难读的地方用横线标注出来，试着多读几遍。并给课文的每个自然段标上序号。
2	圈生字 画词语	读完课文后，我圈出本课的生字，在难读的字下面标注"△"。并把课文中的生字所在的词语画出来，每个读两遍。
3	看写字 大声读	我还要看看这一课要写的字，我试着给它们组组词，看看哪个最难写。 我再把课文大声读一遍，注意要声音响亮。
4	提问题 查资料	我再试着根据课题提出自己想了解的问题。 我要查找一些课文介绍之外的有关恐龙的资料。

（2）自主预习单式

我们根据三年级的学科特点，以语文学科为例，实践摸索提炼出了三年级预习单的设计需要注意的要素。

①"高屋建瓴"——整体建构单元知识系统

预习课文前，先通览单元目标，预先形成整体的单元知识系统。明确单元要点，居高临下。不但可以帮助学生少走弯路，同时也便于对比和总结。

②"保底过关"——扫清认读障碍

阅读教学必须保证能够将课文读正确、读通顺，这是阅读教学的"保底工程"。

③"提前思考"——课堂学习的提前思考

预学，到底要学什么？这是一个重要的话题。传统预习都能做到扫清阅读障碍，但预学必须是触及核心学习内容的提前思考。也就是通过预学单的设计，让学生明白本篇课文我们将主要学习什么，也就课堂学习重点的提前设计，引导学生在预学时提前思考。

④"因文而异"——不同文体不同要求

不同体裁的文章，有其不同的特征和基本要素。因文"预"定预习的任务。比如，对古诗要了解作者背景，对科普说明文要了解实验的思路，对童话故事类课文要感知故事的大致过程等。

⑤"问题收集"——预习时遇到的困难

预习时，要借助预习单给予学生问题意识的培养机会，学生在预习时，可以将遇到的问题进行提炼收集，以便上课能够有针对性地学习，为有效学习提供帮助。

⑥"方法指导"——让预习有章可循

"授人与鱼，不如授人与渔"，学生习得预习方法比预习得到的知识更重要。因此在设计预习单时，必须着眼于自主能力的培养，潜移默化地提升学生自主整理知识的意识和能力，最终使得学生能够"抛开"教师设计的预习单这根"拐杖"，真正自主地在预习的这条路上"独立行走"。

当然，除此之外，还需注意预习量的控制以及预习难易程度的把握，减轻学生过重的学习负担。预习的目的是推动课堂教学的顺利展开，它先于课堂实践活动，但不能完全替代课堂。

2. 建立"15分钟报告制"，提高预习效率

在课堂前15分钟实行"预习报告制"。开发各种汇报形式，以固定的课程设置的形式促进学生进行预习，提高自主预学的质量，培养学生自主预学的习惯。

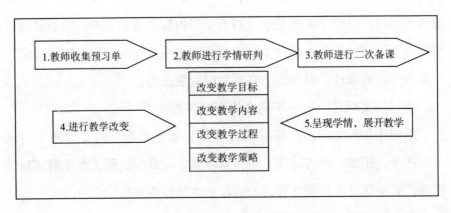

图 5-16　15 分钟报告制

预习汇报是突出学生主体，还学于学生，还课堂于学生的重要手段。如何将此环节做到高效，我们开发了两种预习汇报教学范式：

（1）开放式汇报——这是一种以学生为主体的汇报模式。

（2）半开放式汇报——有固定的课堂预习汇报流程。

3. 开设每日一整理，培养自主整理能力

我们提出了"让学生像整理家务一样地整理自己的知识"的自主整理理念。自主整理课指的是学生在教师的指导下，以学业知识整理为主要内容，以逐步建立个性化的学习策略系统和形成可持续发展的自主学习能力为目的的课程形态。它的关键是自主整理。如何培养这一重要能力呢？我们围绕"体现自主、加强合作、策略学习、巩固知识、养成习惯"这五个核心理念，引导学生学习。我校的课程改革首先是在课程设置上进行改革，在每天下午开设了一节 40 分钟的自主整理课，语文和数学各 20 分钟。目的是在每天上完课后，学生能够及时有效地整理一天的学业，以此养成每日整理的习惯，培养学生自主整理能力。

表5-4 1~3年级整理课范式

		语文自主整理课	数学自主整理课
一年级	第一学期	习惯整理式	习惯整理式
	第二学期	放电影式	放电影式
二年级	第一学期	N会式	整理单式
	第二学期	据目标整理式	整理单式
三年级	第一学期	整理本、思维导图式	整理单式
	第二学期	自主整理单式	整理单式

4. 结合德育教育，养成自主预习、整理习惯

学校自办学初提出"好习惯滋润每一个"的引导性口号，对"自主预习、自主整理"的习惯做出了明确要求，以中外故事、儿歌等学生喜闻乐见的形式引导学生，并开展习惯养成主题班队课、观摩课等活动引导学生养成良好的学习品质。

图5-17 我校编制的习惯养成指南手册

(二) 评比激励型——在各项评比中激励意识

评比激励型即通过阶段性的、有针对性的评比活动，培养学生自主预习、自主整理的习惯，促进学生自主预习、自主整理的能力。评比是有效激发学生学习动力的方式，通过激励可以促进学生相互竞争，达到共同进步的目的。

根据各年段学生的年龄特点，我们开展了"预习尖兵""预习知识大奖赛""整理小能手"等一系列的评比活动。以一至三年级段为例，开展的评比活动如下。

表5-5 一至三年级的评比活动

活动形式		活动概要	活动对象
开展"预习尖兵"评选活动		一年级下学期开展"预习尖兵"评选活动，学生根据教师编制的自主预习方法进行学习，教师利用课堂前十分钟引导学生进行预习汇报，根据汇报情况，综合一学期的表现，各班推选五位同学，获得"预习尖兵"称号。	一年级
"预习知识大奖赛"		为了能够促进预习的开展，我们每个学期选取一篇课文作为考察内容，进行预习知识检测，统一改卷，测试学生预习知识的水平，统一量化考核，并以此促进全班预习开展。	二年级
"整理小能手"评选活动		学校在学期末，组织全校性的"整理能力"大比拼活动，各班选派三位学生进行比赛，比赛以书面形式进行。	三年级
『学习好伙伴』	同桌	以一、二年级学生为评价对象，以语文、数学知识为考核范围，各班自行组织，再推举三组学生参加学校评比。	一、二年级
	四人小组	各班结合平时小组建设的评价，先评选出班级的最佳小组，再参加校级比赛及展示。	三年级

活动方案示例：

"预习尖兵"引导性教育活动方案

一、活动目的

贯彻"自主第一，习惯第一"的核心理念，让堇山学子在小学生涯的起步阶段能有初步的预习意识，逐步培养学生主动学习、自主学习的能力，为之后更为成熟的自主学习打下坚实的基础。

二、活动主题

"我是预习尖兵"评选活动

三、活动时间

2017 年 3 月

四、活动地点

一年级各班教室

五、活动步骤及分工

（一）活动步骤

1. 第一阶段　宣传发动阶段（3 月 3 日~3 月 8 日）

（1）成立活动组织结构

活动总负责人：任云亚　　　活动协调人员：叶玉梅、徐小红、金妍

（2）选定语文学科预习篇目 2 篇。

（3）各班向教学管理处申报"我是预习尖兵"评选时间。

2. 第二阶段　开展落实阶段（3 月 9 日~3 月 25 日）

（1）各班利用语文课教给学生预习的正确方法，在校操练几遍以后放手在家自主预习，每天在班级反馈前一晚的预习情况。

（2）各班根据选定的篇目在班级内当堂开展预习活动，评选"预习尖兵"。

（3）根据自主预习的能力、预习达到的效果及预习内容在课堂上的运用能力，各班评选出 3 名"预习尖兵"。

3. 第三阶段　活动评价阶段（3 月 26 日~3 月 31 日）

（1）各班上报"预习尖兵"获奖名单。

（2）获奖表彰。

（二）活动分工

1. 活动策划：任云亚

2. 活动实施者及评委：一年级各班语文教师

3. 获奖名单收集：叶玉梅、金妍

4. 颁奖：茅校长、任云亚

（三）榜样引领型——以榜样的力量引领进步

榜样引领型即通过展示优秀学生的先进事迹、学习经验，发挥优秀家长的引领作用，带动其他学生的成长。展示榜样的真实形象，使榜样学生具有可信赖性。通过这样的示范性功能，提升活动的意义。

1. 海报巡展活动

在评选出的预习尖兵、整理能手的基础上，通过文字介绍榜样人物，张贴在学校宣传墙进行宣传，班级组织学生观摩学习，通过榜样的力量激发学生预习整理的兴趣，力求促进学习品质的提升。

2. 主题宣讲活动

每学期，学校安排骨干教师利用"国旗下讲话""晨间微课堂"的时间，对全体学生进行预习、整理重要性的教育引领，通过多次的活动，引领学生明确自主预习、自主整理的重要性。

（四）表演提升型——在表演中涵泳体验品质

表演提升型以学生自编自导的方式，通过舞台剧的表演，促进学生自主预习、自主整理能力的提升，同时提升家长对于自主预习、自主整理的认知。因为绝大部分预习是在家庭自主完成的，很多家长对预习的要领、预习方法并不知情，为了使家长能够更好地参与其中，孩子能够更加有效地进行预习、整理，我们通过学生自编自演的舞台剧现身说法，告诉家长预习、整理时需要注意的问题和要领。我们力求通过这样的引导性教育活动来提升学生的学习品质。

根据学习品质提升的需求，我们关注本课题重点需要培养的"自主预习""自主整理"能力，自主编排舞台短剧，分为三个层面进行表演。

1. 开展差异化的内容编排

年级	表演主题	表演要点
一年级	我会预习	自觉对照"成长足迹""回家我当小老师"进行预习。注拼音：自画四线三格。圈生字：按照生字表的生字，在课文中圈画出来并试着认读。家长如何参与指导，督促。
二年级	我会预习	自觉对照"成长足迹""回家我当小老师"进行预习。圈生字：按照生字表的生字，在课文中圈画出来并试着认读。画词语：在课文中画出生字所在的词语。读课文：朗读课文三遍。演绎家长如何指导。
三年级	预习整理我能行	能够根据自主预习单，按照要求自觉预习课文，自主整理知识，并演绎家长如何指导。

2. 实现梯度化的选材

我们利用各年级的家长会，开展"自主预习、自主整理"学习汇报表演活动。

为了有效落实活动，我们从班级的小组建设开始，由小组内学生自导自演舞台剧，利用在班级的主题班会进行评比，并择优参加年级组的评选，最终邀请两组学生代表在年级家长会上进行表演，分享自主预习、自主整理的方法。

3. 达成全面化的覆盖

自小组到班级，再至全年级，通过这样的方式，每个学生都参与其中，获益的并不仅仅是观看的家长，每一个学生在这样的活动中也经历了"自主预习、自主整理"。

二、有效补充——外围活动促进

（一）研讨推进型——以研讨推进品质的提升

研讨是一种非常有效的推进方式，教师通过研讨，凝聚集体的智慧，将"自主预习、自主整理"能力提升到一定的高度。组织开放的、多种形式的教学研究活动，也是当前教师发展与学校发展的现实要求。

1. 自主研修活动

首先，学校将"自主预学""自主整理"的校本研讨活动变成常态化，一般每两周进行一次专题研讨，有学期前的集中学习"知识整理课"，学期中期的知识整理课之我见、语文知识整理课研讨、预习单设计研讨、自主预学研讨等活动。

其次，每学期鼓励、发动教师撰写"自主学习品质提升"实施过程中的心得体会、随笔，形成了自主整理课感想集、自主整理课案例集等成果，同时积极向各类各级报刊投稿。

2. 组团研讨活动

自主预学、自主整理是需要研究的新领域，为了能够更有效地推进研究的进度，我们实施了"组团研究"，三至五人一组，开展研究。通过团队协作的力量来进行研究，并加以实施，也形成了一些有效经验。

3. 骨干领航研修活动

我校还充分发挥学校的骨干教师力量，开展主题宣讲，定期定点开展"自主预学、整理引导力"培训活动，进行全员培训。每学年在新进教师培训活动中做知识整理课介绍，数学学科区级名师叶玉梅老师、英语学科市级名师任云亚老师定期开展组内有关"整理课"研讨和介绍。

（二）制度保障型——让制度为品质提升护航

制度保障型即通过一系列的制度，保障"自主预学、自主整理"活动的开展，提升学生的学习品质。办学初，我校结合本校特点，制定了学校课堂教学章程，着力建构聚焦"自主预学、自主整理"的课堂教学改革，培养"会学习"的学生，造就"发展后劲足"的学生，让教师、学生、学校科学地发展、有效地发展、有内涵地发展。从行政、教研、教科等多个层面进行系统规划并实施。通过一系列的规章制度规定引导和规范教师正视预习、整理的学习品质，引领小学生主动预习、主动整理知识、主动处理作业。

1. 开展常规型的活动

根据学期初的计划切实开展"周三微研讨"活动、"一月一展示"活动、"我的整理课我做主"常规型活动，通过这些硬性规定的活动促进教师主动参与研究。

2. 每学期末开展"自主预学、整理引导能力考核"活动

自主预学、整理引导能力考核包括制定"教师引导能力提升行动计划"。转变教师唯课堂教学提高学生素质的观念，转变教师唯应试教育模式的观念，切实转变教师的思想，提高教师的认识度，我们制定了"堇山小学教师引导能力提升行动计划"。动员教师研究学习全过程，从两大最薄弱教育的环节（课前预习、课后复习）突破，积极提升学生的自主学习品质，同时提高我校教师的引导能力。制定"自主预学、整理引导能力"考核制度。自课题开展以来，学校落实考核制度，由校长室、教务处对自主预学、自主整理课的开展、落实情况进行检查，对学生的自主预学、自主整理的能力进行考核。对备课中如何设计预习汇报，每学期两篇整理课设计都有明确要求。各科（语文、数学、英

语）制定预习、整理的制度。语文、数学、英语各学科制定自主预学、自主整理表，针对每一堂自主整理课进行评价考量，促进自主整理课的有效开展。

以往为提升学生自主预学、自主整理能力，大多没有系统的规划和具体的实施。即使有，大多数都是命令型、任务型、灌输型……对学生学习品质的提升无实质效果。近几年来，我们根据学生的年龄特点、兴趣爱好等方面制定了六大引导性教育活动：习惯养成型、评比激励型、榜样引领型、表演提升型、研讨推进型和制度保障型，开发了一系列典型活动，并且每一个活动都扎实推进。通过这些活动，有效地加强了学习的效果。学生在这一系列的活动中，全程体验着学习品质的浸润，有效提升了学习品质。

第五节 减负增质：绿色个性作业的变革升级

作业是课堂教学的延伸，是培养学生思维品质和创新能力，提高学生素质的重要渠道。作业也是教育减负增质的重要抓手之一。从学习全过程来审视，作业不仅在巩固训练、促进学习目标的达成方面发挥作用，更具有引导预习、促进理解、诊断学习、引导合作、知识整理、习惯养成等作用，是教师引导学生开展自主学习、体现学习方式、实施过程性评价的重要手段。如何进行作业改革，发挥作业在提质减负、转换育人方面的综合功能？近年来，我校以开发实施绿色作业为突破口，带动教学品质升级，全面提升教学质量。

"不写作业，母慈子孝，连搂带抱。一写作业，鸡飞狗跳，呜嗷乱叫"，我们时常会在朋友圈看到类似这样的段子。家长的调侃背后，其实折射出了无数家长的焦虑、压力。课后作业是学生学业负担过重的最直接原因，基于此，我校一直致力于将落实作业改革进行到底。我们以德育导师制为基础，协调控制作业总量；以自主学习制为抓手，精准提高作业质量；以综合评价制为手段，多元创新作业考核。在推进作业校本化改革的过程中，我校坚持"一减两增"，即减少文化课作业，增加探究性作业和动手类作业，以开发构建形式多样的绿色作业为核心，把教师的教、学生的学和学业水平的评价结合在一起进行科研课题研究，建立作业改革长效机制。以小学低年级段语文作业为例，我们既坚守无书面作业，又开发适度的非书面作业，以此构建形成小学语文低年级段完善的作业体系，保证小学语文基本素养的形成。

我校秉持尊重科学、尊重生长、尊重发展的理念，以追求目标性、注重层次性、提升趣味性、增强实践性、凸显探究性、体现人文性六种个性策略为设计思路，以静心式倾听、声色法朗读、导示类阅读、情境化体验和研拓型创编五大作业模块为作业实施路径，结合全面性、全员式、全程式的"三全"评价体系的研究，让非书面作业的理念得以落地。

一、历历在"耳"，静心式倾听作业

静心是指学生处于一种无干扰、全身心投入的状态，倾听是学生获取信息和提炼信息不可或缺的有效途径和必不可少的一种能力，是一种重要的语文学习习惯。将两者进行有机结合，能更好地促进学生倾听能力的提升。

（一）判断——"耳朵找茬"式激趣倾听

基于学生爱玩的天性，作业中加入游戏的元素，寄听于乐，激发学生倾听的兴趣。本类作业内容主要用于课后巩固，通过学生听记判断训练，提高倾听能力。老师事先将听力内容和答案录成一段语音或文字图片，发布在班级群里。作业内容可以是词句的排异、求同、是非判断，也可以是故事内容的简单复述。

（二）拷贝——"口传作业"式传信倾听

不同于以往大多数家庭作业的布置形式，由老师写学生抄变更为老师说学生听，口传作业，带"信"回家。家长对比班级群里发的作业内容，了解传信的精准度。传信作业的"听、记、传"三要求促使学生提高传信倾听的专注度。此类作业内容有常规作业传信、课堂选点传信、课间教育传信、放学梳理传信。

（三）梳理——"文段听记"式细节倾听

不同于前两类游戏诱"听"和家校促"听"的激发和培养学生的倾听习惯，"文段听记"侧重提高学生倾听习惯中梳理内容、捕捉细节的能力。训练细节倾听由易到难，提问可以在文段之前到听记之后，问题由浅到深，根据学生具体能力设置。培养学生快速记忆能力、筛选信息的能力，提升学生倾听的专注力、正确率、完整性。

二、朗朗上"口"，声色法朗读作业

朗读，就是一个将无声的书面语言转换为有声语言的过程，是眼、口、耳、脑协同作用的创造性阅读活动。学生通过模仿名家朗读，借助APP朗读平台，读得有声有色，有滋有味，促进朗读兴趣和能力的同步提升。

（一）模仿——"仿读名家"式基础朗读

基于学生具有极强的模仿性和第一印象的深刻性，将高质量的"名家"朗读资料拿来洗耳正腔最为合适。本项作业内容主要用于前置预习。朗读是学好语文最基础的一种法门。正姿、正音是基础，名家示范是方向。对于一、二年级的小朋友来说，读好长句是一个重点。名家朗读给予学生处理长句中轻重缓急的范例，降低朗读长句的难度。中小学语文课文示范诵读网站里有国家级播音员示范诵读作品，学生在家可以借助多媒体仿读。

（二）勤练——"花式提趣"式畅快朗读

花式朗读以增趣为手段，让学生在朗读的过程中始终保持愉悦的心情，畅快朗读。针对小学低年级儿童年龄特点，充分利用各种趣味元素，结合家庭实际情况，把单调的朗读和其他活动结合起来勤加练习。朗读方式可以是个人自由读，分角色演读，打节拍朗读，配音乐诵读等，激发学生朗读兴趣，培养朗读习惯。

（三）精准——"APP 平台"式媒体朗读

本类朗读作业依托网络平台、手机 APP 媒体完成朗读练习。基于网络不限时间和空间的特性，学生的朗读练习打破了传统时间和空间的束缚，大量碎片化的时间得以利用。网络的大数据统计功能可以及时反馈错误读音，学生朗读时得以及时修正，提高朗读效率。

三、悦心娱"目"，导示类阅读作业

阅读作业要走入孩子内心，取悦其心才能入其"目"。学生借助儿

歌等多种简单有趣的内容进行阅读启蒙，激发阅读兴趣；结合课内指导启示，推动横向阅读；设置问题导读，引向纵深阅读，促进阅读习惯养成和阅读品质提升。

（一）奠基——"儿歌识字"式启蒙阅读

学生的天性活泼，好奇心强，持久专注弱。要提升专注度和持久力，提高阅读效果，选择阅读书籍的内容必须贴近学生生活和认知水平。具有童趣又能识字的儿歌成了启蒙阅读的首选，最适合用来阅读启蒙。

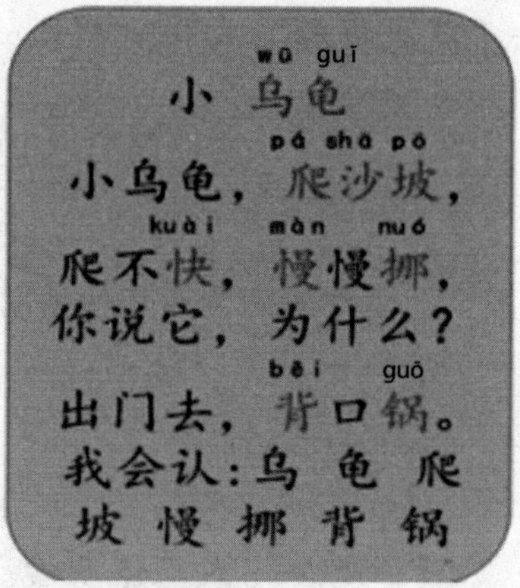

图 5-18 "儿歌识字"作业

儿歌包括入学教育儿歌系列，学拼音儿歌 77 首，三字童谣、多音字儿歌 200 首，谚语儿歌 100 首，俗语儿歌 100 首，歇后语儿歌 100 首，成语儿歌 100 首。诵读儿歌识字作业主要在一年级布置，诵读内容为学校里读一部分，留一部分回家读。一年级结束时，班级中半数孩子识字量已过 2000，绝大多数孩子识字量已超过 1000，为海量阅读奠定基础。

（二）广度——"关联推动"式横向阅读

阅读量的积累能产生质的飞跃，海量阅读目标下结合课内阅读，寻找及抓住关联点，由点及面，横向推进，增加阅读的广度。阅读内容有班级保底阅读，板块拓展阅读，比对整合阅读。

以班级保底阅读《没头脑和不高兴》为例：班级保底阅读首先营造氛围，其次设计问题引导，最后合理计划整体推进。教师开设阅读课，在课堂上与孩子们共读《没头脑和不高兴》，营造班级阅读氛围。为引导孩子阅读，阅读前提出导读问题，学生在放学后延续课内的朗读，课后大量的阅读时间弥补课内阅读时间的不足。班级保底阅读进度计划的制订，以阅读速度最慢的一批孩子作为参考。随着孩子们的阅读能力逐渐提高，从刚开始的一个月才能读完一本书，到后来的两个星期一本。随着孩子能力的提升，计划中的内容可以提前或推后，确保班级孩子阅读保底。

（三）深度——"循序渐进"式纵向阅读

阅读应脱离浅阅读层面，纵向发展，设疑促思。教师引导学生带着问题去书中寻找答案，读细读深；帮学生拎出一条主线，读薄读透；读完的分享讨论，多维度交流，读趣读厚。为避免学生们阅读过程中出现浅层阅读，应设计问题，提升阅读兴趣，进行深度阅读，发展思维。

通过纵向阅读活动的开展，学生阅读兴趣更为广泛，孩子的问题更多，内容更深入书本，提问的角度从人物事件延伸到人物的性格特点及情节细节上。二年级人均阅读课外书率比一年级提高了三倍之多。

四、真情实"感"，情境化体验作业

灵活多变的情境化体验作业是对常规教学的一个有力补充。让学生走进不同情境，通过开眼、张口、悟心，调动周身感官去享受生活的乐趣，让语文学习走进生活，走近社会。情境化体验作业成为连接语文和生活的纽带，引导学生热爱生活。

（一）开眼——"眼见为实"式识字体验

生活是一本很好的教科书，它为学生的识字提供了丰富的资源。学生对这些生活汉字缺少观察，呈现出一种熟视无睹的状态。生活识字让孩子擦亮眼睛，留心生活，在愉快的体验中认字，认识的不再是一个个枯燥的汉字，而是充满生命的字符。结合孩子生活特点，户外名称识字、超市商品识字、电子媒体识字等识字效率最高。

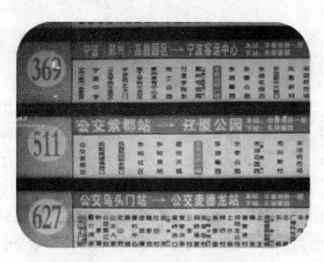

图 5-19　"眼见为实"式体验作业

生活识字培养学生留意周边事物，主动识字的习惯。有些坐公交车的学生可以利用每天上学放学的时间看公交站牌进行户外名称识字。

以电子媒体识字为例：根据孩子喜欢看电视的特点，我们可以引导孩子边看电视边识字，让孩子在新奇有趣的识字情境中体验识字的快乐。老师和家长进行沟通交流，引导学生有意识地识字。

（二）张口——"能说会道"式口语体验

口语交际作业促使学生增进交流，得到更多开口锻炼的机会。本类作业应对了教学中听说不同步、理解困难、表达不准等问题，合理利用课外时间，结合教材强化训练。我口道我心，增强口语体验，丰富心灵交流感受。活动内容有快乐故事会、小小主持人、神奇课本剧等。

图 5-20 "能说会道"式体验作业

以神奇课本剧为例，它把教材中的文本改编为戏剧形式，用戏剧语言和舞台背景来表达文本的内容，表现文章的人物性格特点，使得喜剧舞台人物主角的形象能深入学生的脑海中，更加通俗易懂，进而获得学生的喜欢。课本剧的比赛活动，分为三个环节：首先是理解课文，其次是创编课本剧，再次是分角色扮演，最后进行表演的评价。

小学低年级段的学生性格活泼开朗、好动，喜欢倾诉和表演。在口语交际教学活动中，以课本剧为载体，可以有效提高学生的语文口语交际能力。首先课本剧来源于我们的教材，学生比较熟悉，同时课本剧具有表演性强、可欣赏性强的特点，可以充分调动学生的积极参与性。学生参与课本剧，既可加深孩子对教材的理解，又可锻炼孩子能力。学生表演过程中，大胆入戏，全神贯注，体悟人物角色的一言一行。通过表演，学生可以全方位展开想象力，把自己的语言和神情融入戏中，自己的一言一行都是戏剧中的角色的言行，一举一动也要依据课本剧的要求来做，提升了学生的口语交际能力。

（三）悟心——"百感交集"式感悟体验

语文的学习不止于课堂，或是家庭。可以整合学科，利用亲近自然、走近历史等方式，让学生在实践中动手操作，真切感受。众多感受交集汇聚，帮助学生走出困顿，感悟生活，心念通达。此项作业主要为拓展延伸型作业，是对家庭作业的一个有力补充。作业内容有学科整合作业、自然解惑作业、活态传承作业。

自然解惑作业，既在情境体验中培养了学生细致观察的能力，又增强了学生对语言文字的理解与应用能力。孩子们走出课堂，走进自然，远比乏味的讲解生动得多，印象也深刻得多。

全体学生通过此类作业体验自然，亲近民俗，走近历史。跋三山、涉三水、种三菜、做三糕、炒三菜、游三村、访三贤……生活感悟类作业多学科融合，多文化交流，多感官刺激，全面提升学生的语文素养。

五、自圆其"说"，研拓型创编作业

创编作业是结合观察、想象、思考，组织语言，通过口头来表达的一份输出型作业。这是对前几项作业能力习得的一种检测、汇总和提高。探究创编作业的规律，拓展思维表达的维度，让学生在圆"说"的语言实践中，获得语文表达能力的提升。

（一）组装——"拼搭积木"式词句创编

词句创编是学生在理解词语的基础上，以拼搭积木的方式进行创编。组装词句的时候，可以根据自己的喜好安排位置，增加新的词语"道具"，放置不同的情境"背景"，使得词句创编生动有趣，富有创意。

每一个词语都是一个小精灵，如果孩子们尽情地展开想象，就可以把几个不相干的词语变成一段话或一个有趣的故事。一段话需要时间、地点、人物、情节、细节，把故事穿起来还要一条线索，其间围绕一个或两个主体词语来说。利用孩子喜欢游戏的天性，进行词语搭积木的游戏。

孩子的思维在老师的引导下拓展，他们慢慢学会词句创编，感受创编的趣味。班级孩子都乐于完成拼搭积木式的词句创编，半数学生喜欢用两种以上的方式进行创编述说。

（二）想象——"浮想联翩"式图画创编

图画创编就是看图说话，一般分为单图和多图。图上有人物、事件、风景等，无论是什么内容，一般我们都要善观察，能想象，会表达。创编关键在想象，要角度新颖，构思巧妙。

以多图创编为例，引导孩子进行有序观察，它能帮助孩子全面、有效地理解画面内容，明白几幅画之间的关系。孩子先把画面里的内容说清楚，再拓宽画面可能发生的时间和空间，通过想象，将故事串联起来。

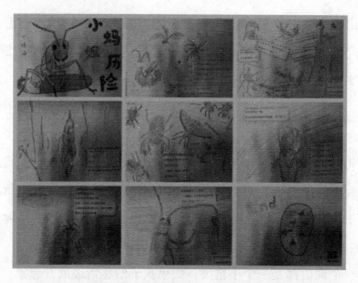

图 5-21　"浮想联翩"式创编作业

图画创编是学生最喜欢的作业活动之一，学生利用老师给予的图画口头编故事，也进行了个性化的图画创编。两年下来，图画创编故事二十余次，创编故事交流会十次，碰撞的思维火花激发了孩子更大的创编热情。

（三）发散——"补石过河"式童诗创编

童诗创编注重韵味和趣味。我们要根据童诗的样板，通过朗读，让学生感受形和味，引导学生编出童诗的"样儿"和"味儿"。"样儿"就是句式工整，"味儿"即音韵和谐，意蕴巧妙。学生照着样子挖空填词，在口头推敲之间发现具有童趣的话语。

教师给孩子一个适合抒发、宣泄的方法，口述小诗，爸妈记载。学生和父母一同分享这份想象的美妙、编诗的快乐。在编诗的过程中，反复把玩文字，字词吞吐之间，推敲一法不学而会。

236

参考文献

1. 孟万金. 积极心理健康教育：奠基幸福有成人生 [J]. 中国特殊教育，2010 (11)：1-8.

2. 孟万金. 积极心理健康教育 [M]. 北京：中国轻工业出版社，2008：7.

3. 任俊. 积极心理学 [M]. 上海：上海教育出版社，2013：188-189.

4. 刘次林. 幸福教育论：第 2 版 [M]. 北京：人民教育出版社，2013：16-17.

5. 陈栋. 关注师生生命成长　构建和谐幸福校园 [J]. 成才之路，2008 (10)：17.

6 沙洪泽. 教育：为了人的幸福 [M]. 北京：教育科学出版社，2009：45-48.

7. 檀家山. 根基教育论 [J]. 华东师范大学学报（教育科学版），2008 (1)：7.

8. 肖川. 教师的幸福人生与专业成长 [M]. 北京：新华出版社，2008：116.

9. 王长华. 全人教育理论与实践 [M]. 北京：知识产权出版社，

2010：35.

10. 苗元江. 幸福感与现代心理教育［J］. 上海教育科研，2003（1）：34-35.

11. 郭颖. 德育创新的价值追求［J］. 思想教育研究，2005（1）：56-57.

12. 叶澜. 新基础教育论［M］. 北京：教育科学出版社，2006：377-378.

13. 闵洁. 构建和谐校园的内涵及现实意义［J］. 教育教学论坛，2015（7）：17.

14. B. A. 苏霍姆林斯基. 怎样培养真正的人［M］. 北京：教育科学出版社，1992：5.

15. 陆振华，李小英. 课程变革：基于学校品质提升的思考与实践［J］. 上海教育科研，2018（8）：73-76.

16. 孙志明. 高品质学校的核心内涵与内生发展路径探索［J］. 教育科学论坛，2018（2）：65-69.

17. 何伦忠. 着眼高品质学校建设的课堂变革实践［J］. 教育科学论坛，2019（10）：14-20.

18. 龚雷雨. 高品质学校建设的诠释与践行：以江苏省无锡市为例［J］. 江苏教育研究，2017（9B）：26-30.

19. 陈如平. 关于新样态学校的理性思考［J］. 中国教育学刊，2017（3）：35-39.

20. 李全慧. 建一所有人性、有温度的学园［N］. 中国教师报，2018-04-04（013）.

21. 孙志明. 高品质学校的核心内涵与内生发展路径探索［J］. 教育科学论坛，2018（4）：32-35.

后 记

2012年9月，在万众热切的期盼中，一所高起点规划、高标准建设、高品质定位的新办小学——董山小学，在鄞州中心城区开启了崭新的教育之旅。学校"先一步，高一层"地谋划办学实践方案，致力于创设让每一个学生都得到充分发展、和谐发展、可持续发展的教育，致力于创建"人文校园、英语学园、书香校园、个性乐园、幸福家园"于一体的高品质学校，开创学校教育的全新生态。

一路探索，一路前行，十年来，高品质教育理念引领下的办学实践不仅为董山小学的孩子们带来了品质化教育的成长体验，也为董山小学的教师们带来了丰硕的教育成果，更让董山小学迈入高速发展的快车道。学校在成就学生快乐成长、全面发展的同时，也让品质化办学焕发了光彩，成为区域内生源爆棚的标杆学校之一。

在董山小学迎来办学十周年之际，为了更好地总结学校品质教育探索实践的成果与经验，完善下一步推进品质教育深入实施的路径与体系，我们特编著《走向高品质的学校教育新生态》一书，汇集学校建校以来教育管理、教学改革、课程整合、评价创新等方面的20余篇实践探索文章，诠释了董山人对"品质教育"独立价值取向的洞察与理解。

　　本书的诞生见证了堇山全体教师为学校发展殚精竭虑、忠谨勤勉。借此机会，我要真诚地向老师们表达感激之情，正是他们用自己的智慧、激情和汗水，演绎了"品质教育"的无限精彩，也正是他们的创造性劳动，丰富、完善了"品质教育"的理论与实践体系，是他们开创了堇山小学"品质教育"的新生态！

　　值此《走向高品质的学校教育新生态》出版之际，我们要向下列领导、专家表达由衷的谢意。

　　感谢中国教育科学研究院德育与心理研究室主任孟万金教授，多年来始终关注、呵护着堇山小学的成长与发展，不仅为学校办学出谋划策，还多次亲临学校指导。此次，他又在百忙之中审阅了本书并作了序。

　　感谢德高望重的鄞州教育界老前辈严惕非老师，鄞州区教育局王建平局长，华东师范大学教授、博士生导师、教育部中学校长培训中心副主任刘莉莉博士，杭州师范大学黄芳博士，原宁波教育学院白晓明院长，宁波市师干训中心柳国梁主任，宁波市教育科学研究所张立新副所长，鄞州区教育学院屠浩龙院长等诸多领导和专家，多年来对学校办学的大力支持与无私关怀，对我校"品质教育"的推进及本书编写提出的诸多建设性的意见和建议。

　　我们还要将感谢献给所有参与本书出版、提供素材资源的老师、学生和家长们，是大家的齐心协力、无私付出，才使本书得以顺利面世。

　　本书是一所小学对"品质教育"实践探讨与理性思考的产物，所有为本书出版付出艰辛劳动的成员在这个过程中既痛苦着又幸福着，痛苦着这个过程的艰辛，幸福着这个过程的收获。本书是在很短时间内的研究与实践，问题肯定不少，诚恳希望各位专家及读者批评指正。

　　马丁·路德·金说："一个国家的繁荣，不取决于她的国库之殷实，不取决于她的城堡之坚固，也不取决于她的公共设施之华丽；而取决于她的公民的文明素养，即在于人民所受的教育，人民的远见卓识和品格的高下。这才是真正的利害所在，真正的力量所在。"没有高品质的教育，就无法全面实现中华民族的伟大复兴梦。推动教育高品质提升，是全面开启现代化建设的现实需要，是孩子成长与未来发展的现实需要，是人民对美好生活向往的现实需要。创造高品质教育，是转型时代交付给我们这一代教育人的使命。

新时代呼唤新教育，新教育召唤新使命。愿我们的堇山号在新时代品质教育创建的道路上行稳致远，勇创佳绩，打造出区域基础教育高质量新样态，为我国区域教育改革提供稳定可靠的"宁波经验""鄞州样本"。期待更多的地区、更多的教育者和我们一起为新时代教育发展探索新方案、谱写新乐章。

茅晓辉

2021 年 10 月